Les petits guides Peterson

OISEAUX
de l'Amérique du Nord
Roger Tory Peterson

D1387453

Traduction de
André Cyr, Ph.D.

É D I T I O N S
BROQUET I N C

C P 310, LAPRAIRIE, QC CANADA J5R 3Y3 TEL 514-659-4819

TOPOGRAPHIE DE L'OISEAU

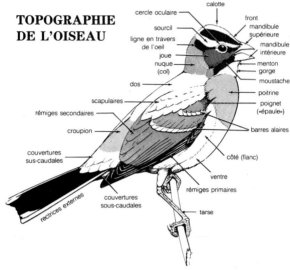

Étiquettes: calotte, cercle oculaire, front, mandibule supérieure, sourcil, mandibule intérieure, ligne en travers de l'oeil, joue, menton, nuque (col), gorge, dos, moustache, poitrine, scapulaires, poignet («épaule»), rémiges secondaires, croupion, barres alaires, couvertures sus-caudales, côté (flanc), ventre, rectrices externes, couvertures sous-caudales, rémiges primaires, tarse

Données de catalogage avant publication (Canada)

Peterson, Roger-Tory, 1908-

  Oiseaux de l'Amérique du Nord

  (Petits guides Peterson).
  Traduction de: Peterson first guide to birds of North America.
  ISBN 2-89000-297-7

  1. Oiseaux — Amérique du Nord — Identification. I.
Titre. II. Collection.

QL681.P4714 1990   598.2973   C90-096544-4

Titre original:

Peterson First Guides
BIRDS
publié par Houghton Mifflin Comp

Copyright © 1986 by Roger Tory Peterson and Houghton Mifflin Company
All right reserved.

Illustrations reproduites de A Field Guide to the Birds, 4e édition, copyright © 1980 by Roger Tory Peterson.

pour l'édition en langue française:

Copyright © 1990
Éditions Broquet Inc.
Dépôt légal — Bibliothèque nationale du Québec
4e trimestre 1990

ISBN 2-89000-297-7

INTRODUCTION

En 1934 paraissait mon premier Guide sur les oiseaux de l'Amérique du Nord. Ce guide était conçu pour que les oiseaux vivants puissent être identifiés aisément à distance par leurs caractéristiques externes, sans devoir recourir à la méthode du spécimen en main qu'utilisaient les premiers naturalistes. Durant les cinquante dernières années, les jumelles et le télescope ont donc remplacé le fusil sur le terrain.

Les anciens manuels, trop complexes, décrivaient systématiquement les oiseaux du bec à la queue. Ainsi, sur le Merle d'Amérique on pouvait lire: «Bec jaune à bout noir, tête noirâtre avec une tache blanche au-dessus de l'oeil et une au-dessous, gorge blanche striée de noir, dos gris, franges des ailes plus pâles, etc.» La poitrine roussâtre pouvait n'être mentionnée qu'au milieu de la page.

Il me semblait qu'il devait y avoir un moyen plus facile; ainsi naquit le «système Peterson», comme on l'appelle maintenant. C'est un système visuel, très simple, basé sur des dessins schématiques et des flèches qui indiquent les principales caractéristiques.

Devant les besoins grandissants de l'observateur moyen, les éditions ultérieures illustrèrent un plus grand nombre de plumages. Mais pour beaucoup de débutants le choix était déroutant. Par où commencer? Ce petit guide a donc été préparé pour tous ceux qui reconnaissent les corneilles, merles, moineaux et peut-être aussi les mésanges et Geais bleus, mais peu des autres. Il présente une sélection d'oiseaux susceptibles d'être vus au cours des premières incursions sur le terrain.

Cependant, ceci n'est qu'une introduction aux plaisirs de l'observation des oiseaux. Les femelles, souvent parées de coloris plus ternes, ne sont pas illustrées dans ce petit guide. Comme la plupart des femelles des canards sont brunes et tachetées, je recommande au débutant de les identifier par le conjoint qui les accompagne. Les mâles sont faciles à reconnaître.

Mais bientôt, vous serez prêts à sauter à l'ouvrage plus complet: le *Guide Peterson «Les Oiseaux de l'est de l'Amérique du Nord»* ou sa contrepartie pour l'Ouest, *"A Field Guide to Western Birds"*. Ces deux guides couvrent et illustrent, en différents plumages, *tous* les oiseaux qu'on trouve normalement au nord de la frontière du Mexique.

3

Les cartes de répartition vous aideront à savoir où les trouver.

Si vous désirez ajouter le son et le mouvement aux textes et illustrations du guide, ou si vous n'êtes qu'un observateur pantouflard, vous apprendrez plus rapidement les trucs de l'identification avec la vidéocassette *"Watching Birds"*, un régal visuel et sonore préparé par Houghton Mifflin.

Certains observateurs identifient les oiseaux tant à la vue qu'au chant; ce que je fais. Les mots peuvent décrire le chant des oiseaux, mais ils ne peuvent remplacer les chants eux-mêmes. Avec la collaboration du Cornell Laboratory of Ornithology, nous avons préparé des disques et des cassettes sonores des chants enregistrés sur le terrain. Conçus pour accompagner les Guides, ils s'intitulent: *A Field Guide to Bird Songs of Eastern and Central North America* et *A Field Guide to Western Bird Songs*. Faites-les jouer à la maison, vous en serez ravis.

COMMENT IDENTIFIER LES OISEAUX

Si vous êtes débutants, et je suppose que vous l'êtes, vous devriez commencer par vous familiariser avec les illustrations de ce guide de poche, qui sont extraites du Guide *Les Oiseaux de l'est de l'Amérique du Nord*. Les oiseaux ne sont pas présentés selon un ordre systématique ou phylogénétique, mais sont regroupés en huit grandes catégories visuelles:

(1) **Nageurs aux allures de Canard** — Canards et oiseaux semblables aux canards, pp. 18-31.

(2) **Bons Voiliers** — Goélands et oiseaux apparentés, pp. 32-37.

(3) **Échassiers à longues pattes** — Hérons et aigrettes, pp. 38-41.

(4) **Échassiers à courtes pattes** — Pluviers et bécasseaux, pp. 42-47.

(5) **Gallinacés, perdrix** — Gélinottes, perdrix, etc., pp. 48-49.

(6) **Rapaces** — Éperviers, buses, faucons, hiboux, pp. 50-57.

(7) **Oiseaux terrestres non-passereaux** — Pigeons, coulicous, martinets, etc., pp. 58-65.

(8) **Passereaux (oiseaux percheurs)** — pp. 66-126.

À l'intérieur de ces groupes, vous constaterez, par exemple, que les canards ne ressemblent pas aux huarts, et que les goélands diffèrent des sternes. Le bec pointu des parulines les distingue des bruants dont le bec conique sert à casser des graines. Notez en particulier les points suivants:

QUELLE EST LA TAILLE DE L'OISEAU?

Prenez l'habitude de comparer la taille d'un oiseau inconnu à celle d'un autre plus familier — le Moineau, le Merle, le Pigeon, ou toute autre espèce, de façon à pouvoir dire: «il est plus petit qu'un merle et un peu plus gros qu'un moineau». Les mesures métriques dans cet ouvrage s'appliquent du bout du bec à l'extrémité de la queue.

NAGE-T-IL?
A-T-IL L'ALLURE D'UN CANARD?

L'oiseau flotte-t-il bas comme un huart (1), ou haut comme une poule-d'eau ou une foulque (2)? S'il s'agit d'un canard, plonge-t-il comme une espèce d'eau profonde (3), ou barbotte-t-il la queue en l'air comme le colvert?

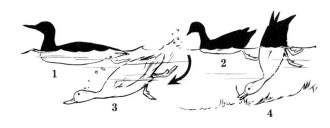

LES MOTIFS DES AILES

Les motifs des ailes des canards (illustrés ci-dessous), ceux des limicoles, et d'autres oiseaux aquatiques sont très importants. Notez si les ailes portent des taches (1), des bandes (2), ou si elles sont unies (3), ou encore si leurs extrémités sont d'un noir contrastant (Oie des neiges, Fous, etc.)

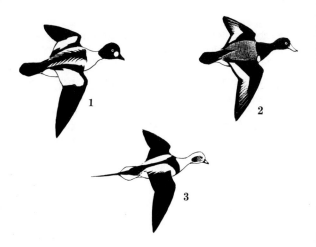

PATAUGE-T-IL?

Est-il grand et muni de longues pattes comme un héron, ou petit comme un bécasseau? S'il s'agit d'un bécasseau, sonde-t-il la boue ou ramasse-t-il ses proies en surface? Hoche-t-il la queue ou agite-t-il la tête de bas en haut?

COMMENT VOLE-T-IL?

Le vol est-il ondulé comme celui d'un Pic flamboyant (1)? Vole-t-il vite et droit comme une tourterelle? Vole-t-il sur place comme un martin-pêcheur? Plane-t-il comme un goéland ou une buse?

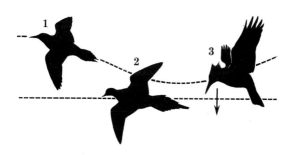

QUELLE FORME ONT LES AILES?

Sont-elles arrondies comme celles d'un Colin de Virginie
(à gauche), ou pointues comme celles d'une Hirondelle des
granges (à droite)?

QUELLE EST L'ALLURE GÉNÉRALE?

Est-il trapu comme un étourneau (à gauche), ou élancé
comme un coulicou (à droite)?

DE QUELLE FORME EST LA QUEUE?

Est-elle (1) très fourchue, comme celle de l'Hirondelle des granges?

(2) carrée comme celle de l'Hirondelle à front blanc?

(3) encochée comme celle de l'Hirondelle bicolore?

(4) arrondie comme celle du Geai bleu?

(5) pointue comme celle de la Tourterelle triste?

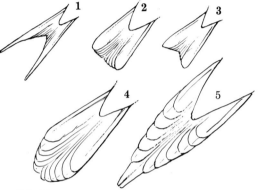

DE QUELLE FORME EST LE BEC?

Est-il petit et effilé comme celui d'une paruline (1); gros et court, et conçu pour casser des graines, comme celui d'un bruant (2); en forme de dague comme celui d'une sterne (3); crochu à l'extrémité comme celui d'un rapace (4); ou recourbé comme celui d'un grimpereau (p.78)?

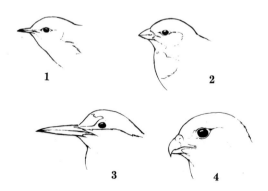

9

GRIMPE-T-IL AUX ARBRES?

Si oui, grimpe-t-il en spirale comme un grimpereau (à gauche); par saccades et en s'appuyant sur la queue comme un pic; ou descend-il tête première comme une sittelle (à droite)?

COMMENT SE COMPORTE-T-IL?

Relève-t-il la queue comme un troglodyte ou la garde-t-il abaissée comme un moucherolle? Hoche-t-il la queue? Se perche-t-il dressé bien en évidence, pour poursuivre prestement un insecte puis revenir à son perchoir, comme un moucherolle?

QUELLES SONT SES CARACTÉRISTIQUES?

Certains oiseaux se reconnaissent simplement à leurs couleurs, mais les indices les plus importants sont les *caractéristiques visuelles*, des sortes de «marques de commerce» de la nature. Notez si la poitrine est tachetée comme celle de la Grive des bois (1), rayée comme celle du Moqueur roux (2), ou unie comme celle du coulicou (3).

LES MOTIFS DE LA QUEUE

La queue présente-t-elle des contrastes colorés et voyants: l'extrémité de la queue blanche comme chez le Tyran tritri (1); des taches blanches aux coins comme chez le Tohi à flancs roux (2); ou des plumes latérales blanches comme chez le Junco ardoisé (3)?

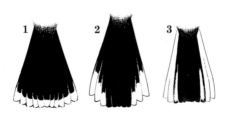

LES TACHES AU CROUPION

A-t-il le croupion pâle comme l'Hirondelle à front blanc (1) ou le Pic flamboyant (2)? Plusieurs limicoles de même que le Busard St-Martin en possèdent aussi.

LES BARRES ALAIRES

Les ailes portent-elles des barres ou non? Leur présence ou absence est d'importance pour reconnaître de nombreuses parulines, viréos, et moucherolles. Les barres alaires peuvent être simples ou doubles, nettes ou obscures.

LA HUPPE

Est-il muni d'une huppe ou d'une aigrette? Est-elle évidente comme celle du Cardinal rouge, d'un jaseur, de la Mésange huppée, ou du Geai bleu; ou est-elle discrète, et seulement mise en évidence lors de l'érection des plumes, comme chez le Tyran huppé ou le Bruant à couronne blanche?

LES LIGNES ET LES CERCLES?

A-t-il une ligne au-dessus, en travers ou au-dessous de l'oeil, ou une combinaison de celles-ci? La calotte est-elle rayée? A-t-il un cercle autour de l'oeil ou des «lunettes»? Une moustache? Ces détails sont importants pour reconnaître de nombreux passereaux.

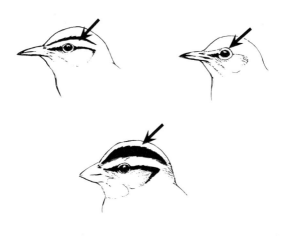

Silhouettes au bord des routes

1 TOURTERELLE TRISTE
2 MOINEAU DOMESTIQUE
3 QUISCALE BRONZÉ
4 ÉTOURNEAU SANSONNET
5 VACHER À TÊTE BRUNE
6 CAROUGE À ÉPAULETTES
7 GEAI BLEU
8 MOQUEUR POLYGLOTTE
9 BRUANT CHANTEUR
10 MERLE-BLEU DE L'EST
11 ENGOULEVENT
   D'AMÉRIQUE

12 MERLE D'AMÉRIQUE
13 PLUVIER KILDIR
14 FAISAN DE CHASSE
15 MARTIN-PÊCHEUR D'AMÉRIQUE
16 HIRONDELLE NOIRE
17 HIRONDELLE DES GRANGES
18 HIRONDELLE À FRONT BLANC
19 CRÉCERELLE D'AMÉRIQUE
20 PIC FLAMBOYANT
21 CARDINAL ROUGE
22 STURNELLE DES PRÉS
23 TYRAN TRITRI

16

Silhouettes en vol

PLONGEURS AUX ALLURES DE CANARDS

HUARTS ET GRÈBES. Les **Huarts** sont des nageurs plutôt longs au bec en forme de dague. Ils peuvent plonger ou s'enfoncer dans l'eau. Les quatres espèces du monde se retrouvent en Amérique du Nord. Les **Grèbes** sont presque tous plus petits que les huarts, et semblent ne pas avoir de queue. Leurs pieds sont lobés. Il y a plus de 20 espèces dans le monde; 5 en Amérique du Nord.

HUART À COLLIER   70-90 cm

Cet oiseau sous-marin se reconnaît au profil assez long, *aux motifs en damier*, et *au bec en forme de dague*. Il passe l'été sur les lacs des forêts canadiennes et les «étangs dorés» des états frontaliers, où son ioulement à la tyrolienne rend la nuit mystérieuse. En hiver, il se tient sur les eaux salées des côtes et ses motifs en damier font place à du gris.

GRÈBE À BEC BIGARRÉ   33 cm

Ce grèbe, qui affectionne les étangs, est joufflu et porte une touffe ouatée blanche à l'arrière. En été, et non l'hiver, il a la *moustache noire* et *un anneau noir* autour d'un bec de poule. Présent sur tout le continent en été, il se retire sur les eaux du Sud et dans les baies de la côte, l'hiver. La voix ressemble à celle d'un coulicou, *couc-couc-caou-caou-caou-caou-caoup'-caoup'*.

GRÈBE CORNU   30-38 cm

Petit plongeur au bec effilé et pointu. On le reconnaît à ses *oreillettes dorées* et *son cou marron*; en hiver, il arbore des joues blanches et une calotte noire. On le trouve sur les lacs du Nord en été, et sur les eaux côtières en hiver. Une espèce de l'Ouest, le **Grèbe à cou noir** (non illustré), a le cou *noir* en été et la face et le cou plus délavés en hiver.

GRÈBE ÉLÉGANT   63 cm

Plongeur gracieux au *cou de cygne* qu'on retrouve autour des ports de pêche et dans les baies le long de la côte Ouest, sauf durant les mois les plus chauds, alors qu'il se retire sur les eaux intérieures pour nicher.

HUART À COLLIER

hiver

été

GRÈBE À BEC BIGARRÉ

été

hiver

GRÈBE CORNU

été

hiver

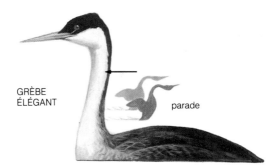

GRÈBE
ÉLÉGANT

parade

Les **CORMORANS** sont de grands oiseaux aquatiques noirâtres qui vivent surtout le long de la côte. Ces oiseaux sombres se tiennent bien droits sur les rochers ou les poteaux et adoptent souvent la posture «d'un aigle les ailes étendues». Il y a 30 espèces dans le monde; 6 en Amérique du Nord.

CORMORAN À AIGRETTES 83 cm

Des 6 espèces d'Amérique du Nord, une seule fréquente les deux côtes, où il niche en colonies sur des îles de massifs rocheux. Sur les lacs, il peut nicher dans les arbres. Ces grands oiseaux silencieux volent en formation comme les bernaches, ou en ligne, et nagent au ras de l'eau comme les huarts, mais relèvent leur bec crochu. De proche, on peut voir la *poche gulaire jaune*. Si vous voyez un cormoran sur un lac intérieur, il s'agit sûrement de cette espèce, mais le long des côtes, d'autres espèces sont aussi possibles. Pour les différencier, consultez les Guides plus complets.

Les **ANHINGAS** ou «Oiseaux serpent» se limitent plutôt aux marécages d'eau douce, bien que les cormorans et les anhingas se rencontrent ensemble à certains endroits. Une seule des 4 espèces du monde se rencontre en Amérique du Nord.

ANHINGA D'AMÉRIQUE 85 cm

L'anhinga ressemble un peu au cormoran, se perchant souvent bien dressé sur une branche morte, les ailes étendues pour les faire sécher, mais son allure *serpentiforme* est plus *élancée* et la *queue* est plus *longue*. Les ailes présentent des taches argentées et le bec pointu n'a pas de crochet comme chez le cormoran. L'anhinga nage enfoncé comme le cormoran, mais il peut submerger son corps complètement, seulement la tête émergeant dans sa nage; c'est à ce moment qu'il suggère un serpent. Son domaine est constitué des marécages et des canalisations du Sud-Est des États-Unis.

jeune

adulte

CORMORAN
À AIGRETTES

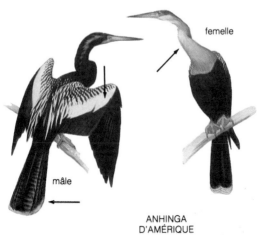

femelle

mâle

ANHINGA
D'AMÉRIQUE

21

SAUVAGINE. Cette famille cosmopolite, qui comprend canards, bernaches, oies et cygnes, contient 145 espèces dans le monde, dont 44 se rencontrent en Amérique du Nord, en plus de 13 visiteurs ou égarés en provenance d'ailleurs. Les **Oies** et **Bernaches** (6 en Amérique du Nord) sont plus grandes, plus massives et ont le cou plus long que les canards. Les **Cygnes** (3 en Amérique du Nord) sont énormes, tout blancs, et ont le cou plus long que les oies et bernaches.

CYGNE SIFFLEUR   133 cm

Ce cygne, notre espèce indigène commune, a une envergure d'ailes d'environ 2 mètres. On le différencie de l'espèce semi-domestiquée des parcs urbains, le **Cygne tuberculé** (non illustré), à son bec *noir* et non orange. Après avoir niché dans l'extrême Arctique, de longues filées de Cygnes siffleurs traversent le continent en passant par les Grands Lacs jusqu'à leur aire d'hivernage située sur les baies du milieu de la côte atlantique, ou survolent certains lacs de l'Ouest vers les vallées du centre de la Californie. Le **Cygne trompette** (non illustré), plus grand, est un proche parent qui vit sur les lacs des régions boisées dans le Nord-Ouest du continent.

OIE DES NEIGES   63-85 cm

L'Oie des neiges se distingue facilement des cygnes à ses primaires *noires*. Après la nidification dans l'Arctique, de grandes volées traversent le continent pour aller passer l'hiver dans les marais du milieu de la côte atlantique et de la côte du Golfe et dans les vallées du centre de la Californie.

BERNACHE DU CANADA   63-108 cm

Les races de la Bernache du Canada atteignent différentes tailles, mais portent toujours au cou comme un long bas noir et *une mentonnière blanche*. Après leur nichée dans la partie supérieure du continent, quelques-unes migrent aussi au sud que Mexico, voyageant en formation en «V» ou en ligne.

CYGNE
SIFFLEUR

OIE
DES NEIGES

BERNACHE DU CANADA

23

CANARDS BARBOTEURS. Ces oiseaux s'alimentent à la surface de l'eau des marais, étangs et petits cours d'eau en barbotant et en basculant l'avant du corps dans l'eau. Ils ne plongent pas. Les mâles sont très marqués, les femelles, peu; elles se reconnaissent par le mâle qui les accompagne. La plupart des canards barboteurs se rencontrent sur tout le continent, nichant à l'intérieur du continent dans les régions nordiques, et migrant vers les marais côtiers en hiver. À l'exception du Canard colvert, seuls les mâles sont illustrés. Maîtrisez leurs plumages. Plus tard, à l'aide du Guide de l'Est ou celui de l'Ouest, vous pourrez apprendre les subtilités permettant de différencier les femelles, mais, quitte à le répéter, elles accompagnent en général leur mâle bien différencié.

CANARD COLVERT   50-70 cm

Le plus connu des canards; c'est l'ancêtre des canards de basse-cour. Les mâles ont la *tête vert luisant*, séparée de la poitrine marron par un *collier blanc*. Les femelles sont brunes, le *bec* est *jaunâtre* et la *queue blanchâtre*. Les femelles sont celles qui caquètent.

CANARD NOIR   53-63 cm

Corps noir, tête plus pâle et, en vol, *blanc éclatant sous les ailes*. Le Canard noir ne se rencontre pas dans l'Ouest.

CANARD PILET   65-75 cm

Élancé, élégant. Noter la *pointe blanche au niveau du cou* et la *queue en pointe d'aiguille*.

CANARD SOUCHET   43-50 cm

Noter le *bec en cuillère*, les flancs roux et les plaques bleu pâle aux ailes.

CANARD SIFFLEUR D'AMÉRIQUE   48-58 cm

Noter la *calotte chamois* et, en vol, les *taches blanches* sur le devant des ailes.

SARCELLE À AILES BLEUES   38-40 cm

Petit canard. Remarquer le *croissant blanc sur la face*. La **Sarcelle à ailes vertes** (non illustrée) ne présente pas de croissant facial ni de taches bleues pâles à l'aile.

CANARD BRANCHU   43-51 cm

Ce canard éclatant se reconnaît au motif facial unique et à la huppe tombante. Il se perche souvent dans les arbres.

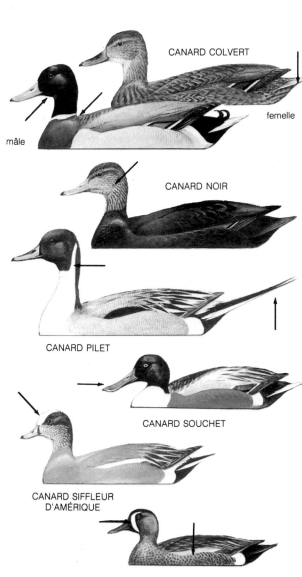

CANARD COLVERT

mâle

femelle

CANARD NOIR

CANARD PILET

CANARD SOUCHET

CANARD SIFFLEUR
D'AMÉRIQUE

SARCELLE À AILES BLEUES

CANARD BRANCHU

25

Les **CANARDS PLONGEURS**, contrairement aux barboteurs, plongent pour se nourrir, mais dans les deux cas, ils élèvent leurs familles dans les terres inondées à l'intérieur du continent. Ils migrent vers les baies côtières en hiver.

PETIT MORILLON   38-45 cm

Les morillons sont «noirs aux deux extrémités et blancs au centre». L'hiver, ils se regroupent en grosses bandes dans les baies le long de la côte et sur quelques lacs, mais remontent vers les latitudes plus nordiques pour nicher. La tête noire du Petit Morillon présente des *reflets pourprés*. Le **Grand Morillon** (non illustré) est plus blanc en hiver et les reflets sont *verdâtres* sur la tête. Tous deux ont des bandes alaires *blanches* évidentes.

MORILLON À DOS BLANC   50-60 cm

Le corps plus blanc et *plus long* et le profil *plus effilé* distinguent ce canard plongeur à *tête marron* du Morillon à tête rouge.

MORILLON À TÊTE ROUGE   45-58 cm

Plus gris que les Petits et Grands Morillons, cet oiseau se reconnaît à la *tête rouge rouille* et aux bandes alaires *grises*, visibles en vol.

GARROT À OEIL D'OR   50 cm

La *tache blanche et ronde de la face* contre la tête noire (lustrée de vert) permet de reconnaître ce canard au corps blanc. Il niche sur les lacs du Nord entourés de forêts et passe l'hiver plus au Sud, où l'eau ne gèle pas.

PETIT GARROT   33-38 cm

Petit canard joufflu, blanchâtre portant un *bonnet blanc bouffi* (voir le Bec-scie couronné, p. 29). On le retrouve sur les lacs du Canada, l'été, et dans les baies côtières l'hiver.

CANARD ROUX   38-40 cm

En plumage nuptial, le mâle, au *corps roux foncé* et aux *joues blanches*, se pavane sur les étangs des prairies, la queue dressée en pointe. L'hiver, regroupés dans les baies de la côte, le roux des mâles a fait place à du gris, et ils ressemblent alors quelque peu aux femelles.

PETIT MORILLON

MORILLON À DOS BLANC

MORILLON À TÊTE ROUGE

GARROT À OEIL D'OR

PETIT GARROT

CANARD ROUX

Les **MACREUSES** sont de gros canards de mer noirâtres, qu'on rencontre en grandes bandes au large des côtes ou en vol au-dessus des vagues en lignes étirées. Les mâles, illustrés ici, sont noirs; les femelles brun sombre. Les macreuses nichent dans le Grand Nord et migrent le long des côtes où elles passent l'hiver.

MACREUSE À FRONT BLANC — 48 cm
Elle se reconnaît aux *taches blanches à la tête*. Le long des côtes dans l'Ouest, elle peut être observée de près, dans les ports et les jetées.

MACREUSE À BEC JAUNE — 46 cm
Toute noire sauf *l'excroissance jaune* sur le bec.

MACREUSE À AILES BLANCHES — 53 cm
Noire, elle a des *taches blanches* sur chaque aile. Ces taches sont souvent cachées lorsque l'oiseau est sur l'eau.

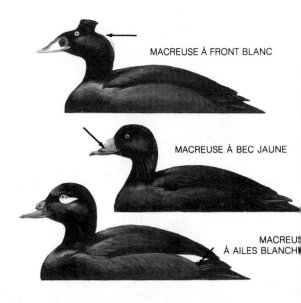

MACREUSE À FRONT BLANC

MACREUSE À BEC JAUNE

MACREUSE À AILES BLANCHES

Les **BEC-SCIES** sont des plongeurs élancés munis d'un bec denté en scie, contrairement aux becs aplatis de tous les autres canards. Les femelles portent une huppe rousse.

BEC-SCIE À POITRINE ROUSSE   50-65 cm
Cette espèce est plus confinée aux eaux salées que les autres bec-scies. Le mâle se reconnaît à la *huppe en broussaille, au cou blanc* et la poitrine rougeâtre.

BEC-SCIE COURONNÉ   40-48 cm
La *huppe blanche en éventail* bordée de noir est caractéristique. Cet oiseau préfère les eaux douces. Il ne faut pas le confondre avec le Petit Garrot (p. 27), qui a le corps blanc.

GRAND BEC-SCIE   55-68 cm
Le *corps blanc élancé,* le dos noir, *la tête vert-noir,* et le fin bec rouge sont distinctifs de ce résident des lacs, rivières, et cours-d'eau du Canada. Il hiverne dans le Sud du Canada et aux États-Unis, partout où l'eau ne gèle pas.

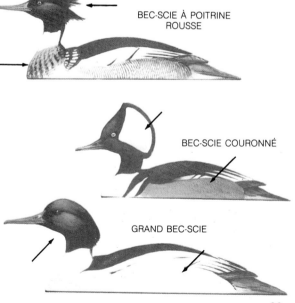

BEC-SCIE À POITRINE ROUSSE

BEC-SCIE COURONNÉ

GRAND BEC-SCIE

NAGEURS AUX ALLURES DE CANARDS (FOULQUES et POULES-D'EAU).

Sur l'eau, ces oiseaux peuvent ressembler aux canards, mais sont en réalité apparentés aux râles, ces oiseaux des marais qu'on entend plus souvent qu'on ne les voit. Les foulques et les poules d'eau se rencontrent sur presque tout le continent; il y en a 3 espèces en Amérique du Nord.

FOULQUE D'AMÉRIQUE   33-40 cm

Cet oiseau à l'allure d'un canard, est ardoisé avec la tête et le cou noirâtres et un *bec* de poule *blanc*. Les foulques résident sur les étangs et les marais d'eau douce au centre et dans l'Ouest du continent en été. L'hiver, elles se regroupent souvent en grosses bandes dans les baies sur les deux côtes. Elles peuvent plonger pour brouter des végétaux, ou fourrager sur les rives.

POULE D'EAU   33 cm

Contrairement à la foulque, qu'elle côtoie parfois dans les marais, la Poule-d'eau (autrefois appelée Gallinule commune) a le *bec rouge vif*. Elle marche en dandinant leur arrière-train blanc, et nage, en hochant la tête. Elle est répandue, mais furtive, dans les étangs de joncs et les marais de tout l'Est du continent; elle est plus localisée dans l'Ouest. Une espèce plus colorée, la **Gallinule violacée** (non illustrée), a le corps teinté de violet foncé surmonté de *bleu pâle* au front. Cet oiseau est résident des marécages du Sud-Est. Un des meilleurs endroits pour le rencontrer est au Parc national des Everglades.

Course à la surface de l'eau
pour l'envol

Pied lobé
de la Foulque

FOULQUE D'AMÉRIQUE

POULE-D'EAU

FOULQUE D'AMÉRIQUE   POULE-D'EAU

31

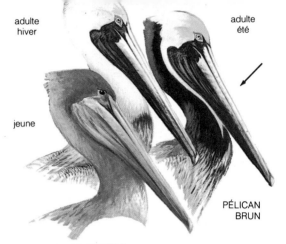

adulte
hiver

adulte
été

jeune

PÉLICAN
BRUN

LES BONS VOILIERS

PÉLICAN BRUN   125 cm

Les pélicans sont d'énormes oiseaux aquatiques très robustes, au *long bec plat* et à grande *poche gulaire* (à la gorge). Des 6 espèces au monde, 2 se recontrent en Amérique du Nord. Le Pélican brun, que les touristes connaissent bien, est confiné aux eaux salées le long de la côte, dans le Sud. Ces oiseaux imposants volent de façon ordonnée en lignes au ras de l'eau et se perchent souvent sur les piliers dans les ports de pêche. L'aire du **Pélican blanc** (non illustré) est très étendue dans toute la partie Ouest du continent.

Les **FOUS** sont de grands oiseaux de mer à bec effilé et à queue pointue. Un groupe vit dans les mers froides, l'autre dans les mers tropicales. Des 9 espèces au monde, une seule (le Fou de bassan) niche en Amérique du Nord, mais 4 sont des visiteurs occasionnels dans les eaux du Sud.

FOU DE BASSAN   95 cm

Les colonies de cet oiseau de mer, qui ressemble à une oie, occupent une demi-douzaine de sites de nidification dans l'Atlantique Nord, en particulier dans le golfe du St-Laurent et à Terre-neuve. Il migre vers la Floride et le golfe du Mexique. Plus gros que les goélands, on le reconnaît à son allure «pointue aux deux extrémités». Les adultes sont blanc immaculé avec les *primaires noir encre*. Les jeunes sont plus sombres, plus foncés que tous les jeunes goélands. Les fous survolent les vagues, loin au large, et plongent tête première du haut des airs, d'une façon bien différente des goélands.

GOÉLAND À
MANTEAU NOIR

Les **GOÉLANDS.** Voir la description de la famille à la page suivante.

GOÉLAND À MANTEAU NOIR   70-78 cm

Ce grand goéland abonde le long de la côte de l'Atlantique Nord. On le localise facilement dans un groupe de goélands plus petits à son *dos noir*. Dans l'Ouest, sa contrepartie à dos noir, le **Goéland d'Audubon** (non illustré), survole les jetées de pêche en quête de nourriture facilement gagnée.

Les **GOÉLANDS** aux longues ailes et au vol gracieux, sont aussi très bons nageurs. Ils sont omnivores, et ne dédaignent pas les ordures des dépotoirs, ce qui facilite leur survie. Les jeunes, qui couvrent toute la gamme des bruns, gris et blancs, sont souvent difficiles à identifier. Il y a 45 espèces dans le monde; 20 nichent en Amérique du Nord, en plus de 4 autres visiteurs.

GOÉLAND ARGENTÉ   58-65 cm

Cet oiseau au manteau gris, rencontré sur presque tout le continent, est probablement le mieux connu. L'extrémité noire des ailes, le bec jaune muni d'une tache rouge, et les *pattes rosâtres pâles* sont distinctifs. Les jeunes sont brun sombre.

GOÉLAND À BEC CERCLÉ   48 cm

Cette version en plus petit du Goéland argenté se reconnaît au *cercle noir* autour du bec, et à ses pattes *jaunâtres ternes* plutôt que rosâtres pâles. La population a connu une hausse spectaculaire ces dernières années, en partie grâce à sa capacité d'adaptation non seulement aux dépotoirs à ciel ouvert, mais aussi aux aménagements des plages, tels restaurants et cantines où il y a toujours de quoi faire pitance pour tout goéland entreprenant. On le rencontre de façon saisonnière le long des deux côtes et sur les eaux continentales.

MOUETTE À TÊTE NOIRE   40-43 cm

Ce petit goéland à *capuchon* abonde le long de la côte atlantique, où il agrémente les plages et les baies par ses acrobaties aériennes. C'est la seule espèce à nicher dans les États du Sud. À l'approche de l'hiver, quand il a perdu son «capuchon», les Goélands argentés et à bec cerclé le rejoignent en provenance du Nord. Il se distingue alors des autres par ses *pattes noires*, son bec foncé, et son dos gris fuligineux. Pendant l'été, on trouve dans les Prairies une espèce analogue à capuchon, la **Mouette de Franklin** (non illustrée).

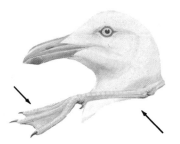

GOÉLAND
ARGENTÉ

adulte

GOÉLAND
À BEC CERCLÉ

hiver

été

MOUETTE À
TÊTE NOIRE

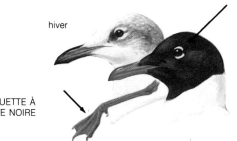

Les **STERNES**, souvent appelées «Hirondelles de mer» sont proches parentes des goélands desquels, la plupart des espèces se distinguent par leur *queue fortement fourchue, leur calotte noire et leur bec très pointu.* Quatorze des 42 espèces du monde se rencontrent en Amérique du Nord. Les **Bec-en-ciseaux** appartiennent à une famille voisine. Il y a 3 espèces au monde; 1 en Amérique du Nord.

STERNE PIERREGARIN   33-40 cm

Pour pêcher, cette espèce vole sur place en battant des ailes au-dessus de l'eau jusqu'à ce qu'elle localise sa proie et plonge ensuite tête première. Cette espèce est la plus connue dans l'Est, alors que la **Sterne de Forster** la remplace dans l'Ouest et la **Sterne arctique** dans les océans nordiques.

PETITE STERNE   23 cm

Deux fois plus petite que la Sterne Pierregarin, la Petite Sterne se reconnaît au *bec jaune et à la pointe de blanc* au front. Des colonies éparses de ces petits oiseaux se rencontrent sur les plages depuis le sud de la Nouvelle-Angleterre tout au long des côtes de l'Atlantique et du golfe du Mexique, aussi bien qu'en Californie ou sur les bancs de sable du Mississipi inférieur et du Missouri.

GUIFETTE NOIRE   23-25 cm

En été, cette gracieuse sterne au *corps noir* survole les marais intérieurs où elle niche. Avant la fin de l'été, elle retraverse le continent et longe la côte jusque vers ses quartiers d'hiver, dans les tropiques. L'automne et l'hiver, le noir du plumage est remplacé par du blanc.

BEC-EN-CISEAUX NOIR   40-50 cm

Le long de la côte atlantique, le Bec-en-ciseaux fend les eaux peu profondes à l'aide de son étrange bec et se repose en bandes sur les plages sablonneuses. Le motif blanc et noir et le *bec* rouge et noir le caractérisent.

hiver

été

STERNE PIERREGARIN

hiver

GUIFETTE NOIRE

PETITE STERNE

été

BEC-EN-CISEAUX NOIR

37

ÉCHASSIERS À LONGUES PATTES

HÉRONS, AIGRETTES, BUTORS. Ces oiseaux de taille intermédiaire ou grande sont munis d'un long cou, de longues pattes et d'un bec en forme de lance. On compte 59 espèces dans le monde; 12 en Amérique du Nord.

GRAND HÉRON   105-130 cm

Cet échassier gris et maigre atteint 1,20 m de haut. Il est souvent appelé «grue» à tort, mais contrairement à la Grue du Canada, il vole le cou replié. Il niche localement en colonies du Sud du Canada au Mexique, et quitte les régions froides en hiver.

AIGRETTE BLEUE   60 cm

Ce héron effilé, deux fois plus petit que le Grand Héron, se reconnaît à son allure *toute sombre* (voir le Héron vert, p. 40). Bien que confiné aux îles côtières, aux basses terres marécageuses du Sud et à la portion inférieure de la vallée du Mississipi quand il niche, il visite parfois les États plus au Nord.

GRANDE AIGRETTE   95 cm

Cet oiseau majestueux, à peu près de la taille du Grand Héron, se distingue de l'Aigrette neigeuse, plus petite, par son *grand bec jaune*. Bien que surtout résident d'été dans le Sud, quelques individus nichent maintenant en colonies dans le Sud de la Nouvelle-Angleterre et le haut de la vallée du Mississipi. Attention: Le **Héron garde-boeufs** (non illustré) a aussi le *bec jaune*, mais il est beaucoup plus petit et les pattes sont jaunes, verdâtres ou sombres, mais pas noires.

AIGRETTE NEIGEUSE   50-68 cm

Héron blanc à *«chaussures dorées»*. Alors que cette espèce a le *bec noir* et les *pattes jaunes*, la Grande Aigrette, deux fois plus grande, a le bec jaune et les pattes noires. Cet oiseau est surtout une espèce méridionale, mais on la rencontre aussi au Nord qu'en Nouvelle-Angleterre.

GRAND
HÉRON

AIGRETTE
BLEUE

GRANDE AIGRETTE

AIGRETTE NEIGEUSE

39

D'AUTRES HÉRONS, ETC.

BIHOREAU À COURONNE NOIRE   58-70 cm

Ce héron *pâle* et trapu, à *dos noir* et à *calotte noire*
est plus actif au crépuscule. Son *couâck* fort trahit sa
présence lorsqu'il vole entre son dortoir et son aire
d'alimentation nocturne dans les marais. Les jeunes
sont bruns et ressemblent au butor.

HÉRON VERT   40-55 cm

En vol, avec son cou replié, ce petit héron sombre, des
étangs et cours d'eau, ressemble à une corneille, mais
ses battements d'ailes sont plus arqués. Il émet un fort
skiaou ou *skiouk*. Répandu partout aux États-Unis en
été, il atteint à peine le Sud de l'Ontario et du Québec. Il hiverne en Floride et le long de la côte du Golfe.

BUTOR D'AMÉRIQUE   58 cm

Ce héron trapu des terres marécageuses ressemble
superficiellement à un jeune Bihoreau à couronne
noire, mais son colori est d'un brun plus chaud et, en
vol, l'extrémité des ailes noirâtres apparraît. Notez
aussi la *raie noire au cou*. L'été, il produit un étrange
gloussement pompé, *oung-ka'-tchounk, oung-ka'-
tchounk, oung-ka'-tchounk,* etc. lent et grave. Il fréquente les marais à quenouilles de façon saisonnière,
entre le centre du Canada et les États du Golfe, se retirant dans les marais côtiers du Sud, en hiver. Dressé,
sans bouger, le *bec pointant vers le haut*, il se camou-
fle à merveille parmi les joncs et les herbes hautes des
marais.

Les Hérons volent
le cou replié
et les pattes
trainantes

adulte

BIHOREAU
À COURONNE
NOIRE

jeune

HÉRON
VERT

BUTOR
D'AMÉRIQUE

41

ÉCHASSIERS À COURTES PATTES

Les **PLUVIERS** sont des échassiers de petite ou moyenne taille qu'on rencontre sur les plages, dans les marais et les vasières. Avec leur court bec de pigeon et leurs grands yeux, ils sont plus trapus que les bécasseaux. Il y a 63 espèces dans le monde; 10 nichent en Amérique du Nord, en plus de 4 plus rares.

PLUVIER KILDIR   23-28 cm

Très répandu en milieu agricole, le kildir se reconnaît aux *deux colliers noirs* traversant la poitrine et à son cri fort et insistant comme pour protester - *kill-dîâ* ou *dî-î*. Ils passent l'hiver dans les aires dénudées de neige, au Sud, et sont annonciateurs du printemps dans le Nord.

PLUVIER SEMIPALMÉ   16-19cm

Semblable à un Pluvier kildir en format réduit, ce petit pluvier n'a qu'un *seul* collier sur la poitrine. Les pattes sont oranges ou jaunes. Alors que ce petit échassier est de la couleur du sable *mouillé*, le **Pluvier siffleur** (non illustré) est de la couleur du sable *sec*. Le cri du Pluvier semipalmé est un sifflement plaintif lié et montant, *tou-li*. Après la nidification dans l'Arctique, il traverse le continent jusqu'à la côte.

PLUVIER ARGENTÉ   26-34 cm

Ce grand pluvier à *ventre noir* est élégant en plumage nuptial, contrairement au terne plumage d'hiver. Il émet un sifflement plaintif lié, *oui-eûr-î*. Il niche haut dans l'Arctique, mais passe la majeure partie de son temps le long de la côte des 48 États continentaux.

TOURNEPIERRE À COLLIER   20-25 cm

Le *motif arlequin* caractérise ce robuste échassier à *pattes orange*. Il ressemble davantage à un pluvier, mais est en fait une variété particulière de bécasseau (voir p. 44). Les adultes sont plutôt bruns l'hiver, mais conservent suffisamment de leurs motifs pour qu'on les reconnaisse. Les Tournepierres nichent dans l'Arctique, mais on les retrouve sur les deux côtes en migration et en hiver.

PLUVIER KILDIR

PLUVIER
SEMIPALMÉ

PLUVIER
ARGENTÉ

TOURNEPIERRE
À COLLIER

43

Les **BÉCASSEAUX** typiques ont le bec plus fin que celui des pluviers. Le Tournepierre (page précédente) était autrefois classifié dans la famille des pluviers, mais il est maintenant considéré comme un proche parent des bécasseaux. Il y a 80 espèces de bécasseaux et espèces apparentées dans le monde; 41 nichent en Amérique du Nord et 20 autres sont des visiteurs occasionnels en provenance d'Europe et d'Asie.

CHEVALIER SEMIPALMÉ 35-43 cm

Ce grand échassier est uni au repos, mais très éclatant en vol, les motifs voyants *noir et blanc* aux ailes permettant de le reconnaître aussitôt. Cet oiseau ressemble aux chevaliers à pattes jaunes, mais en plus gros et plus massif, et les *pattes* sont *gris-bleu*. Il est plus commun dans les marais le long des côtes de l'Atlantique et du Golfe et sur les rives des lacs de la Prairie dans l'Ouest, où son *pill-ouil-ouillett* musical est familier. Il hiverne en bandes le long des côtes des États du Sud.

GRAND CHEVALIER 35 cm

Les deux espèces de chevaliers à pattes jaunes sont des oiseaux de rivage minces et gris identifiables à leurs pattes *jaune vif*. En vol, la queue et le croupion sont blanchâtres et les ailes sombres. Le Grand Chevalier émet un sifflement clair de 3 notes-*piou-piou-piou*, ou *dirr! dirr! dirr!*

PETIT CHEVALIER 25-28 cm

Cet échassier élancé qu'on rencontre sur les rives boueuses et dans les marais se distingue de son congénère plus grand par la taille et le *bec plus court et plus mince*. Le meilleur critère est le cri composé de 1 ou 2 notes *piou ou iou-iou*, qui est moins fort que celui à 3 notes du Grand Chevalier. Les deux espèces nichent dans les tourbières clairsemées d'arbres du Canada et de l'Alaska. À la migration, ils traversent le continent pour atteindre les côtes du Sud.

CHEVALIER SEMIPALMÉ

GRAND
CHEVALIER

PETIT CHEVALIER

45

D'AUTRES BÉCASSEAUX.

CHEVALIER BRANLEQUEUE   19 cm
Ce bécasseau «grivelé» habite les rives des lacs, des étangs et des cours d'eau partout au Canada et sur la majeure partie du territoire des États-Unis. La poitrine *grivelée comme celle des grives* est caractéristique, de même que le continuel *hochement de queue*. L'hiver, on le retrouve sur les plages du Sud, sans les taches à la poitrine. Il émet un cri clair, *pît-huit*.

BÉCASSEAU SANDERLING   18-20 cm
Des troupes de ces petits bécasseaux dodus suivent le ressac des vagues, comme des jouets mécaniques, sur les plages littorales. En vol, les *bandes alaires blanches* sont voyantes. Lorsqu'il niche dans l'Arctique, son plumage est d'un *roux brillant*, mais à l'automne ou l'hiver, ils redeviennent *les plus pâles* des bécasseaux, avec du gris dessus et du *noir à l'épaule*.

BÉCASSEAU VARIABLE   20-23 cm
Au printemps, son plumage est des plus jolis avec le *dos rouge rouille* et *la tache noire* traversant la poitrine. Il est plus sobre à l'automne et l'hiver. Notez le bec un peu *arqué* au bout. Il niche haut dans l'Arctique et migre vers la côte où il habite l'estran.

BÉCASSEAU MINUSCULE   13-16 cm
De la taille d'un bruant, ce bécasseau des estrans et des bords de marais est *plus brun*, a le *bec plus fin*, les pattes plus pâles et est plus petit que le **Bécasseau semipalmé** (non illustré) qui lui ressemble et qui préfère les plages plus ouvertes. Le Bécasseau minuscule niche au Canada et en Alaska et passe l'hiver dans les États du Golfe.

BÉCASSE D'AMÉRIQUE   28 cm
Environ de la taille du Colin de Virginie, la bécasse se distingue à son *très long bec* et ses yeux exorbités. En vol, elle émet un sifflement à l'aide de ses ailes arrondies. Elle est répandue dans les fourrés humides et les marais broussailleux à l'est des Plaines, du Canada aux États du Golfe.

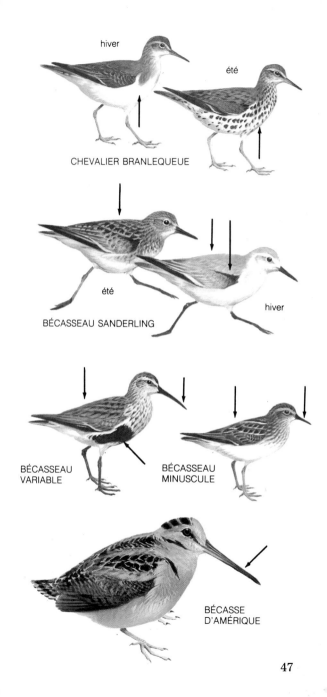

hiver

été

CHEVALIER BRANLEQUEUE

été

hiver

BÉCASSEAU SANDERLING

BÉCASSEAU
VARIABLE

BÉCASSEAU
MINUSCULE

BÉCASSE
D'AMÉRIQUE

47

GALLINACÉS

Les **GÉLINOTTES**, souvent appelées à tort «perdrix», sont des oiseaux aux allures de poules, plus grosses que les colins, mais sans la longue queue des faisans. Il y a 18 espèces dans le monde; 10 en Amérique du Nord. Les **Faisans**, les **Colins** et les **vraies Perdrix** sont souvent regroupés dans une seule grande famille de 165 espèces; 10 se rencontrent ici, incluant 4 introduites.

GÉLINOTTE HUPPÉE   40-48 cm

Cet oiseau des forêts, aux allures de poule et à *queue en éventail*, s'envole bruyamment. Deux formes existent: une grise et une rousse. La seconde est plus fréquente dans le sud de son aire qui s'étend à travers les régions boisées du Canada et vers le sud dans les forêts jusqu'aux Appalaches. Les formes grises sont typiques des Rocheuses, les rousses, des États du Pacifique. Le «tambourinage» du mâle suggère un moteur lointain qui démarre. Le battement assourdi des ailes commence lentement et s'accélère en bruissement.

COLIN DE VIRGINIE   21-26 cm

Ce petit oiseau gibier rondelet, espèce favorite des chasseurs, est à peu près de la taille de la sturnelle. Le cri, *«bob-ouait»*, est familier des fermiers dans les régions rurales et le long des clôtures à l'Est des Rocheuses, sauf dans les États les plus nordiques des États-Unis.

FAISAN DE CHASSE   75-90 cm (mâle),
                                        53-63 cm (femelle)

Cet oiseau, aux allures de paon avec sa majestueuse queue, a été introduit d'Asie. Le mâle est éclatant, la femelle brune. Contrairement à la Gélinotte huppée, le faisan porte une *longue queue pointue*. On le rencontre dans les régions rurales de tous les États du Nord et dans les régions adjacentes au Canada, où il fait bonne chair des grains laissés par les moissonneuses.

forme grise

forme rousse

GÉLINOTTE HUPPÉE

mâle

femelle

COLIN DE VIRGINIE

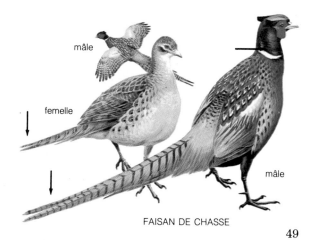

mâle

femelle

mâle

FAISAN DE CHASSE

49

RAPACES

 Les **FAUCONS** sont des rapaces au corps aérodynamique, aux ailes pointues et à queue allongée. Il y a plus de 52 espèces dans le monde; 6 en Amérique du Nord, en plus de 2 occasionnelles en provenance de l'Ancien Monde.

FAUCON PÈLERIN   38-50 cm

Le Faucon pèlerin se distingue des autres faucons à sa taille (près de la taille de la corneille) et à ses *«favoris» noirs*. Espèce favorite des fauconniers, elle a été presque éliminée de l'Amérique du Nord quand le DDT était en usage, mais elle refait surface grâce aux programmes de reproduction en captivité et de réintroduction en milieu naturel. Dans ses déplacements, le Faucon pèlerin affectionne les milieux ouverts, en particulier le long de la côte.

CRÉCERELLE D'AMÉRIQUE   23-30 cm

De la forme d'une grosse hirondelle, mais de la taille d'un geai, la crécerelle se reconnaît à ses ailes très pointues et sa longue queue. Les ailes du mâle sont bleugris, le *dos* et la *queue rouille*. Les femelles sont similaires, mais sans le bleuâtre aux ailes. Commune le long des routes de campagne, elle se perche souvent sur les poteaux et les fils d'où elle surveille les petits rongeurs et les sauterelles. Elle vole souvent sur place, à la recherche de proies. Le cri aigü et excité est *killi killi killi*.

Les **BUSARDS** sont des rapaces sveltes à ailes étroites et à longue queue.

BUSARD SAINT-MARTIN   44-60 cm

Ce grand rapace élancé est souvent observé, planant bas au-dessus des champs et des marais, les ailes légèrement en V. On le reconnaît aussi à son *croupion blanc*. Le mâle est gris pâle dessus, les femelles brunes. Il se rencontre dans tout le Canada et dans la partie Nord des États-Unis. Il hiverne du Nord des États-Unis au Nord de l'Amérique du Sud.

FAUCON
PÈLERIN

CRÉCERELLE
D'AMÉRIQUE

mâle

mâle

jeune

BUSARD
SAINT-MARTIN

mâle

femelle

51

Les **BUSES** sont des oiseaux de proie grands et massifs. Leurs ailes sont larges et leur queue large et arrondie. Ils tournoient habituellement haut dans le ciel. On dénombre 10 espèces en Amérique du Nord.

BUSE À QUEUE ROUSSE   48-63 cm

Lorsque cette grande buse à ailes larges et à queue arrondie amorce un virage en planant, on peut distinguer le dessus *roux* de sa queue. Les jeunes n'ont pas la queue rousse. Quand cette buse est perchée, sa *poitrine blanche* contraste avec sa tête sombre et la bande de raies sombres sur sa poitrine. Elle vit de la limite des arbres du Canada et de l'Alaska jusqu'au Panama, mais quitte les forêts les plus nordiques l'hiver. Son cri est un *kîîîr-r-r* perçant.

BUSE À ÉPAULETTES   43-60 cm

Une série de *bandes en travers de la queue* et le *dessous rougeâtre* différencient cette autre buse à grande queue et à ailes larges de la Buse à queue rousse. Les *«épaulettes»* rousses sont aussi une caractéristique distinctive. Le cri perçant dissyllabique est *kî-yeur*, descendant. Bien que retrouvée surtout dans l'Est et le Centre Ouest, elle est aussi présente localement en Californie.

Les **ÉPERVIERS** sont des rapaces forestiers à queue allongée et aux ailes arrondies et courtes. Leur vol typique est une série de battements rapides suivis d'un plané. Trois espèces se rencontrent en Amérique du Nord.

ÉPERVIER BRUN   25-35 cm

Les *ailes courtes* et *arrondies* permettent à l'épervier de poursuivre ses proies entre les arbres des forêts. On le rencontre sur tout le continent pendant une saison ou l'autre et c'est l'espèce observée le plus souvent aux observatoires de rapaces tels Hawk Mountain, en Pennsylvanie, au Cape May et au New Jersey. L'**Épervier de Cooper** (non illustré) est une version plus grande de l'Épervier brun.

BUSE
À QUEUE
ROUSSE

jeune

adulte

BUSE
À ÉPAULETTES

adulte

jeune

ÉPERVIER
BRUN

adulte

53

Les **URUBUS**, appelés à tort vautours, ressemblent aux aigles et planent en tournoyant haut dans le ciel. La tête relativement petite est dégarnie de plumes. Des 7 espèces du monde, 3 vivent en Amérique du Nord.

URUBU À TÊTE ROUGE   65-80 cm

D'une envergure de près de 2 m, presque celle des aigles, ce charognard plane au-dessus du paysage à la recherche de charogne. Sa petite tête est couverte de replis de *peau rouge*. Les ailes forment un V très ouvert, lorsqu'il tange et roule en vol plané comme s'il était déséquilibré. Son aire s'étend du Sud du Canada aux tropiques. Il quitte les zones enneigées l'hiver. L'**Urubu noir** (non illustré) est plus méridional. Sa tête est *noire* et il porte des marques blanches évidentes vers l'extrémité des ailes.

URUBU À
TÊTE ROUGE

BALBUZARD

BALBUZARD   36-61 cm

Le Balbuzard est familier le long de certains secteurs
de la côte Atlantique, où l'on peut voir son énorme
nid de la fenêtre de la voiture, même le long de routes très achalandées. On le retrouve localement autour
des Grands Lacs, à travers le Canada, et localement
dans les États de l'Ouest. Ce grand rapace piscivore
vole sur place, d'un battement d'ailes qui semble labo-
rieux, puis plonge pattes tendues vers l'avant sur sa
proie. Le Balbuzard présente une *grande tache noire
à la joue* et, en vol, une *tache noire* sous le poignet
de l'aile.

Les Balbuzards
construisent
d'énormes nids dans
les arbres et peuvent
utiliser des
plateformes
artificielles ou des
poteaux comme
support.

Les **HIBOUX** sont, pour la plupart, nocturnes et ont une grosse tête bouffie, la face formant un disque, et les yeux étant dirigés vers l'avant. Tout comme les autres rapaces, ils ont le bec crochu, des griffes aux pattes, mais les pattes sont en général emplumées et le doigt externe est réversible. 18 des 134 espèces du monde se retrouvent en Amérique du Nord.

PETIT-DUC MACULÉ   18-25 cm

Des petits-ducs d'une espèce ou l'autre se rencontrent du Canada aux tropiques. Ceux de l'Ouest sont considérés comme une espèce différente de ceux de l'Est. Le Petit-duc maculé se présente sous deux formes, une grise et une rousse. Le **Petit-Duc des montagnes** est habituellement gris, mais certains oiseaux du Grand Bassin ou du nord-ouest du côté pacifique peuvent être bruns. Le cri de l'espèce de l'Est est un gémissement triste, diminuant en tonalité. Il émet parfois une série de notes ou sifflements sur le même ton, semblable au cri d'un oiseau de l'Ouest.

EFFRAIE DES CLOCHERS   35-50 cm

Cet habitant des granges et des beffrois, à «face de singe», se distingue par ses *yeux sombres* sur un *disque facial en forme de coeur*. La nuit, le dessous blanchâtre ou canelle pâle et le vol silencieux papillonnant donnent l'impression d'un fantôme, lorsqu'il survole les prairies à la recherche de souris. Il ne hulule pas comme les autres hiboux, mais émet un chuintement grinçant et criard: *kschh* ou *shiiish*.

GRAND-DUC D'AMÉRIQUE   45-63 cm

Ce *grand* hibou à miaulement de chat se reconnaît à sa taille, aux *aigrettes* évidentes, à la *bavette blanche*, et la poitrine fortement *barrée*. Aux hululements du mâle — *hou-hou-ou, hou-hou* — la femelle répond souvent par son hululement de tonalité plus basse. Cet oiseau se recontre de la limite des arbres au Canada jusqu'à l'extrémité Sud de l'Amérique du Sud.

PETIT-DUC
MACULÉ

forme grise

forme rousse

EFFRAIE DES CLOCHERS

GRAND-DUC
D'AMÉRIQUE

OISEAUX TERRESTRES
(NON-PASSEREAUX)

Les **PIGEONS ET TOURTERELLES** volent rapidement et roucoulent. Les deux formes principales sont le pigeon, à queue en éventail, et la tourterelle, plus effilée. Il a 289 espèces dans le monde; 11 en Amérique du Nord (en plus de 6 exceptionnelles).

PIGEON BISET   33 cm
Espèce très connue des citadins, le Pigeon biset, ou domestique typique, a le *croupion blanc* et *2 barres alaires noires* visibles en vol. Les individus d'élevage peuvent présenter une grande variété de colorations.

TOURTERELLE TRISTE   30 cm
Ce pigeon très répandu est plus petit et plus effilé que le Pigeon biset. La *queue pointue* laisse voir une bordure blanche lorsque l'oiseau s'envole. Elle fréquente souvent les mangeoires. Son chant est un mélancolique, *cou-ah, cou, cou, cou.*

PIGEON
BISET

TOURTERELLE
TRISTE

COULICOUS (ET OISEAUX APPARENTÉS). Ces oiseaux effilés, à longue queue, ont les pieds zygodactyles, 2 doigts vers l'avant, 2 vers l'arrière. 6 des 128 espèces du monde sont en Amérique du Nord.

COULICOU À BEC JAUNE 28-33 cm

Long et mince, nos deux coulicous se reconnaissent au dos brun et au dessous blanc. Ils sont discrets et farouches. Ce coulicou a le *bec jaune*, de *grandes taches blanches à la queue*, et les primaires *rousses*. Le cri rapide et guttural est *ka-ka-ka-ka-ka-kaou-kaou-kaoulp-kaoulp-kaoulp-kaoulp*. Répandu aux États-Unis l'été, il hiverne en Amérique du Sud. Le **Coulicou à bec noir** (non illustré) est semblable, mais son bec est *noir*. Il lui manque aussi le roux aux ailes, et les taches blanches à la queue sont petites. Le chant est rythmique, *coucoucou, coucoucou, coucoucou*, etc. Les deux chantent la nuit. Le Coulicou à bec noir est plus nordique, et niche partout dans le Sud du Canada, le Centre et le Nord-Est des États-Unis; il hiverne en Amérique du Sud.

COULICOU
À BEC JAUNE

COLIBRIS. Ce sont les plus petits oiseaux et leurs plumes sont comme des joyaux aux couleurs irisées; le bec est effilé comme une aiguille pour lécher le nectar. Il existe environ 320 espèces dans cette famille du Nouveau Monde; 15 atteignent les États-Unis (en plus de 6 exceptionnelles). Une seule, le Colibri à gorge rubis se rencontre normalement dans l'Est.

COLIBRI À GORGE RUBIS   8-9 cm

Le mâle a la *gorge* d'un *rouge rutilant* et le dos vert. La femelle n'a pas de rouge. Il faut se garder de prendre les gros sphynx rutilant (papillons de nuit) pour des «bébés colibris!» Le Colibri à gorge rubis dont l'aire s'étend du Sud du Canada au Golfe et de l'Atlantique aux Grandes Plaines, est le seul oiseau-mouche dans l'Est. Il passe l'hiver sous les tropiques, mais quelques-uns peuvent s'attarder dans le sud de la Floride et du Texas.

COLIBRI ROUX   9 cm

Aucun autre colibri n'a le *dos roux*. Cet oiseau remplace le Colibri à gorge rubis à peu près partout dans l'Ouest, et migre à travers les États du Pacifique jusqu'à son aire de nidification dans le Nord-Ouest de l'Amérique du Nord. Il retourne au Mexique par les Rocheuses.

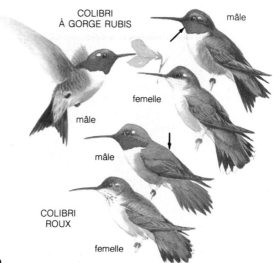

COLIBRI
À GORGE RUBIS   mâle

femelle

mâle

mâle

COLIBRI
ROUX

femelle

ENGOULEVENT D'AMÉRIQUE

ENGOULEVENT BOIS-POURRI

ENGOULEVENTS. Ces oiseaux nocturnes à grands yeux, petit bec, grande ouverture buccale, et très courtes pattes, se camouflent à merveille. Il y a 67 espèces dans le monde; 8 en Amérique du Nord.

ENGOULEVENT BOIS-POURRI 24 cm

Cet oiseau se présente comme une voix nocturne qui répète sans cesse *bois-pourri, bois-pourri*, etc. On le voit rarement à moins qu'il ne jaillisse du sol jonché de feuilles, comme un gros papillon nocturne, en montrant les ailes arrondies et les *grandes taches blanches ou chamois de la queue*. L'été, on le retrouve dans les régions centrales et au Nord-Est du continent. L'hiver, il rejoint son congénère, l'**Engoulevent de Caroline**, dans les États du Golfe.

ENGOULEVENT D'AMÉRIQUE 24 cm

Cet oiseau est habituellement repéré en vol alors qu'il chasse les insectes, haut dans les airs. Son vol aisé semble «changer de vitesse» pour passer à un vol plus erratique et plus rapide. Lors des chaudes soirées d'été, le mâle exécute des acrobaties et des plongées abruptes. Remarquez les *larges bandes blanches traversant* les ailes pointues. Sa voix est un *pîînt* ou *pî-ik* nasillard. Il est répandu en été et hiverne en Amérique du Sud.

Les **MARTIN-PÊCHEURS** sont des oiseaux solitaires à grosse tête, à bec en forme de dague et à petits pieds. La plupart, mais pas tous, sont piscivores. Il en existe 87 espèces dans le monde; 3 se rencontrent en Amérique du Nord.

MARTIN-PÊCHEUR D'AMÉRIQUE   33 cm

En vol au-dessus de l'eau, cette espèce, plus grosse qu'un merle, à grosse tête et à gros bec, émet un crépitement fort de crécelle. La coloration est gris-bleu dessus, la *huppe* est *en broussaille* et une *large bande grise* traverse la *poitrine*. La femelle a une *bande pectorale additionnelle rousse*. Ce pêcheur expert vole sur place au-dessus de l'eau pour localiser sa proie. Il plonge ensuite tête première, mais pas toujours avec succès. On le retrouve dans presque toute l'Amérique du Nord et l'hiver, il se tient aussi au Nord que là où l'eau ne gèle pas.

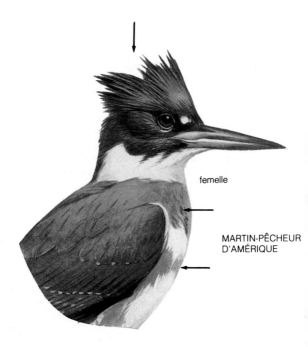

femelle

MARTIN-PÊCHEUR
D'AMÉRIQUE

PICS. Ces oiseaux au bec fort et pointu pour creuser le bois ont les pieds forts de type zygodactyle (habituellement 2 doigts à l'avant et 2 vers l'arrière) et la queue raide et épineuse qui leur sert d'appui pour grimper sur les troncs. La plupart des mâles ont du rouge à la tête. Il y a 210 espèces dans le monde; 21 en Amérique du Nord.

PIC MINEUR   16 cm

Quiconque offre du suif à la mangeoire connaît le Pic mineur, ce petit pic tacheté à *doc blanc* et à *bec* relativement *petit*. Son aire est très étendue d'un océan à l'autre, et de la limite des arbres au Canada et en Alaska jusqu'à la côte du Golfe. Son chant est un hennissement précipité, descendant et son cri, une note terne, *pik*.

PIC CHEVELU   24 cm

Une fois et demi la taille du Pic mineur, le Pic chevelu se distingue au *bec nettement plus gros*. Les mâles des deux espèces ont du rouge derrière la tête, et les femelles n'en ont pas. L'aire de ces deux espèces se ressemble. Le cri du Pic chevelu est fort, et ressemble au crépitement du martin-pêcheur. Il émet une note forte, *pîîk*.

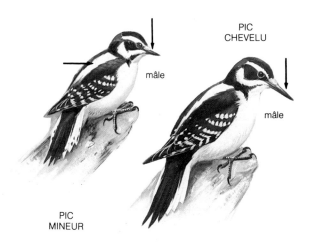

PIC
CHEVELU

mâle

mâle

PIC
MINEUR

D'AUTRES PICS.

PIC FLAMBOYANT   30-35 cm

En vol, ce pic à dos brun présente un *croupion blanc*
voyant et un *croissant noir* en travers de la poitrine.
On le voit souvent au sol, où il cherche les fourmis.
Il est présent sur presque tout le continent, sauf dans
les régions dépourvues d'arbres. Il se présente sous
deux formes, une dorée (dans l'Est) avec le dessous
des ailes et de la queue jaune doré, une rosée (dans
l'Ouest), le doré étant remplacé par du rose saumon.
Lorsque les deux formes occupent la même aire, dans
les Grandes Plaines, on rencontre des formes intermédiaires.

PIC À TÊTE ROUGE   21-24 cm

La *tête entièrement rouge* ne permet pas de confondre cet oiseau avec un autre. Les grandes taches blanches de ses ailes font que le bas du dos semble blanc.
Le cri fort, *kouir* ou *kouîah*, résonne dant les forêts
de chênes. Il habite les vergers, les bosquets et les
arbres d'ombrages des fermes et villages, du Sud du
Canada au golfe du Mexique et à l'Ouest jusqu'aux
Grandes Plaines; il est absent de la Nouvelle-Angleterre.

PIC À VENTRE ROUX   23-26 cm

Résident permanent des forêts et des bosquets qui lui
conviennent, dans la région des Grands Lacs et du Con-
necticut jusqu'aux États du Golfe vers le Sud et à la
limite de la Prairie vers l'Ouest. Le mâle, qui ne peut
être confondu, est *zébré au dos* et porte une *calotte
écarlate*. La femelle ne porte du rouge qu'à la nuque.
Le cri — *tcheur*, ou *tchiv, tchiv* — trahit souvent sa
présence dans les arbres.

PIC GLANDIVORE   20-24 cm

La *face de bouffon* et le *dos noir* distinguent ce pic des
bosquets de chênes et des canyons boisés de l'Ouest.
On le retrouve de l'Oregon et des États du Sud-Ouest
jusqu'au Panama.

mâle

forme
rosée

mâle

forme
dorée

PIC
FLAMBOYANT

adulte

mâle

PIC À
VENTRE ROUX

PIC À
TÊTE ROUGE

mâle

PIC
GLANDIVORE

65

PASSEREAUX (OISEAUX PERCHEURS)

TYRANS. La plupart des moucherolles se perchent droit sur des branches bien exposées, desquelles ils plongent à la poursuite d'un insecte en vol. Les 365 espèces sont toutes du Nouveau Monde et la plupart vivent sous les tropiques, mais on en retrouve 35 en Amérique du Nord, en plus de 8 exceptionnelles.

TYRAN TRITRI   20 cm

Se reconnaît à la *lisière blanche* au bout de sa queue. Cet oiseau bicolore harasse souvent les corneilles (comportement qu'il partage avec le Carouge à épaulettes). Résident d'été familier des régions rurales, il affectionne les vergers et les haies, où il se perche en évidence sur les fils le long des routes. Son cri hautement querelleur est une série rapide de notes crépitées et aiguës. Il est répandu du centre du Canada au États du Golfe et hiverne en Amérique du Sud.

TYRAN DE L'OUEST   20 cm

Rencontré surtout à l'Ouest de la vallée du Mississipi, ce tyran se comporte sensiblement comme le Tyran tritri. Il se perche bien en vue sur les fils des bords de routes en milieu rural. La poitrine grisâtre, le *ventre jaunâtre* et la *queue noire* l'identifient. Quoiqu'il hiverne surtout en Amérique centrale, un petit nombre s'égare vers l'Est à l'automne.

TYRAN HUPPÉ   20-23 cm

De la taille du Tyran tritri, cet oiseau se reconnaît à sa huppe hirsute, son *ventre jaunâtre* et ses ailes et sa queue aux *teintes cannelle*. Son cri, entendu de loin en forêt, est un sifflement fort, *ouîîp*! Répandu à travers le Sud du Canada et aux États-Unis, à l'Est des Rocheuses, il hiverne sous les tropiques. Deux autres espèces similaires se rencontrent dans le Sud-Ouest.

TYRAN
TRITRI

TYRAN
DE L'OUEST

TYRAN
HUPPÉ

67

D'AUTRES MOUCHEROLLES.

MOUCHEROLLE PHÉBI   16-18 cm

Des Grandes Plaines à l'Atlantique, ce modeste oiseau
fréquente les fermes et les cours d'eau, construisant
son nid sous les avant-toits des hangars et remises et
sous les ponts. Par son *hochement de queue*, on le
reconnaît aussitôt, de même que par son cri, *fibi* bien
articulé. Plus robuste que les autres moucherolles, il
passe l'hiver dans les États du Sud du continent et
remonte assez tôt vers le Nord, quitte à être incom-
modé dans sa quête d'insectes par une chute de neige
tardive.

PIOUI DE L'EST   15-16 cm

Le pioui est très semblable au phébi, sauf qu'il possède *2 barres alaires distinctes*. Surtout forestier, il
émet une plainte sifflée glissante, *pî-ou-hî*. Le nid, différent de celui du phébi, s'assoit à califourchon sur une
branche horizontale d'un arbre. Répandu à l'Est des
Plaines, du Sud du Canada au Golfe, il se retire sous
les tropiques l'hiver. Le **Pioui de l'Ouest** (non illustré) est semblable, mais le chant est nasal, *pîî-hyî*.

MOUCHEROLLE TCHÉBEC   13 cm

Cet oiseau des vergers et des bosquets de fermes porte
bien son nom, «tchébec», ce cri énergique qu'il émet.
Les 8 ou 9 espèces de petits moucherolles du continent
américain sont très semblables, ayant comme le tchébec, un *anneau oculaire clair* et des *barres alaires*.
Il est très difficile de les distinguer entre eux, sauf par
le chant. Il faut étudier les Guides Peterson plus complets, «Les Oiseaux de l'Est de l'Amérique du Nord»
ou sa contrepartie en anglais pour l'Ouest.

MOUCHEROLLE À VENTRE ROUX   18-20 cm

Ce gros moucherolle de l'Ouest, apparenté au phébi,
se reconnaît au *délavé rouille* de son ventre, qui lui
donne l'allure d'un petit merle. Son cri est un *pî-eur*
ou *pîî-î* plaintif.

MOUCHEROLLE
PHÉBI

MOUCHEROLLE
TCHÉBEC

PIOUI
DE L'EST

MOUCHEROLLE
À VENTRE ROUX

HIRONDELLES. La forme élancée, aérodynamique, et le vol gracieux caractérisent ces passereaux de la taille du moineau. Les hirondelles se perchent souvent en rangées sur les fils d'où elles peuvent être reconnues d'en dessous par le découpage de leur silhouette et leurs motifs. Des 75 espèces du monde, 8 vivent aux États-Unis et au Canada; 5 autres sont exceptionnelles.

HIRONDELLE DES GRANGES   15-19 cm

La *queue fourchue* à plumes externes très allongées distingue cette espèce des autres membres de la famille. Son nid est une coupe de boue ouverte sur le dessus et placée contre une poutre ou un support, habituellement *à l'intérieur* d'une grange. L'Hirondelle à front blanc (ci-dessous) place son nid de boue en forme de gourde sous l'avant-toit *à l'extérieur* de la grange. L'Hirondelle des granges est un nicheur d'été répandu en Amérique du Nord, sauf dans le Sud-Est, où elle prend graduellement de l'expansion. Étant donné que cette espèce dépend des insectes en vol pour se nourrir, elle doit, comme la plupart des autres membres de sa famille, se retirer dans les tropiques en hiver.

HIRONDELLE À FRONT BLANC   13-15 cm

Notez le *croupion chamois pâle*. À défaut des falaises qu'elle utilise encore à certains endroits, cette espèce coloniale construit souvent son nid de boue en forme de gourde sous les avant-toits des granges. Elle niche un peu partout en Amérique du Nord sauf dans le Sud-Est et se retire en Amérique du Sud, l'hiver.

HIRONDELLE NOIRE   18-21 cm

Les mâles de cette espèce, la plus grande des hirondelles, sont uniformément *bleu-noir dessus et dessous*; les femelles ont le dessous grisâtre. De nos jours, les Hirondelles noires nichent presque exclusivement dans des nichoirs «à appartements». Elles hivernent en Amérique du Sud et nous reviennent très tôt au printemps.

HIRONDELLE DES GRANGES

HIRONDELLE À FRONT BLANC

HIRONDELLE NOIRE

71

D'AUTRES HIRONDELLES ET UN MARTINET.

HIRONDELLE BICOLORE   13-15 cm

Cette élégante hirondelle, au dessus turquoise-noir métallique et au *dessous d'un blanc pur*, nichera volontiers dans tout nichoir approprié. Répandue dans le Nord-Est des États-Unis et au Canada, elle hiverne le long des côtes du Sud, où elle peut se nourrir de baies et autres nourritures du genre, si les insectes viennent à manquer.

HIRONDELLE DE RIVAGE   11-14 cm

Cette petite hirondelle à *dos brun* se reconnaît à la *bande foncée* en travers de la poitrine. Quoiqu'elle niche un peu partout en Amérique du Nord, ses colonies sont très localisées, car elle ne se retrouve que là où les rives escarpées des rivières ou les sablières présentent un sol d'une consistance appropriée pour l'excavation du tunnel pour le nid. Une autre espèce à dos brun, l'**Hirondelle à ailes hérissées** (non illustrée), a la *gorge sombre* mais pas de bande à la poitrine.

MARTINETS. Bien que les martinets ressemblent aux hirondelles, ils s'en distinguent par leur structure, le crâne étant aplati et les 4 doigts étant orientés vers l'avant. En vol, les ailes sont alternativement *arquées* avec raideur en planés et activées en battements rapides. Il y a 79 espèces au monde; 4 vivent en Amérique du Nord, 5 autres sont exceptionnelles.

MARTINET RAMONEUR   12-14 cm

On dirait un «cigare avec des ailes». Cet oiseau noirâtre aux allures d'hirondelle, *sans queue apparente*, a de longues ailes raides, légèrement *arquées*, qui semblent scintiller quand il vole. Le cliquetis rapide de sa voix est caractéristique. Il niche et juche dans les cheminées. L'automne, il rejoint ses quartiers d'hiver au Pérou amazonien. C'est le seul martinet dans l'Est; dans l'Ouest, il est remplacé par le plus petit **Martinet de Vaux** (non illustré).

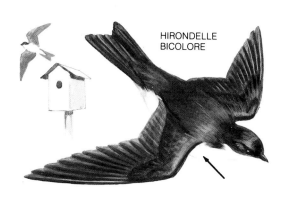

HIRONDELLE BICOLORE

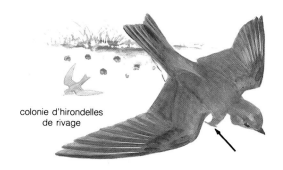

colonie d'hirondelles de rivage

HIRONDELLE DE RIVAGE

MARTINET RAMONEUR

CORNEILLES, PIES, GEAIS. Les corneilles et les corbeaux sont grands et noirs; les pies sont noir et blanc à longue queue; les geais sont colorés. Il y a 100 espèces dans le monde; 14 en Amérique du Nord.

CORNEILLE D'AMÉRIQUE

43-53 cm

Massive et noire, la corneille n'a pas besoin de présentation. Son *Cââ* ou *câh*, facilement imité, et les déplacements en bandes vers le dortoir la rendent familière. Répandue à travers l'Amérique du Nord, elle hiverne aussi au Nord que la neige épaisse le permette. Le long des côtes atlantiques et du Golfe, la **Corneille de rivage** (non illustrée), plus petite, y est aussi résidente.

PIE BAVARDE

44-55 cm

Cet oiseau à longue queue, originaire de l'Ancien Monde, a atteint l'Amérique du Nord il y a très longtemps, en passant par l'Alaska. Elle est répandue dans l'Ouest et se rencontre très rarement aussi à l'Est qu'aux Grands Lacs. Le motif noir et blanc et la *longue queue* sont uniques parmi tous les oiseaux d'ici, sauf pour la **Pie à bec jaune** (non illustrée), qui est limitée aux vallées du centre de la Californie.

CORNEILLE D'AMÉRIQUE

GEAI BLEU   28-31 cm

Cet oiseau voyant et bruyant se reconnaît à sa *huppe* désinvolte, son *collier noir* et aux *points noirs* sur les ailes et la queue. Le cri typique est rauque, *djyâ* ou *djé*. Se délectant des graines de tournesol, c'est un habitué des mangeoires. Répandu dans l'Est de l'Amérique du Nord, il commence à s'étendre par endroits vers les Rocheuses du Colorado où il rencontre le **Geai de Steller** (non illustré), cet oiseau bleu foncé commun dans les forêts de conifères de l'Ouest.

GEAI À GORGE BLANCHE   28-30 cm

Ce geai des chênaies, *sans huppe*, vit en Floride et dans les États de l'Ouest. Il est surprenant de constater cette distribution disjointe. Le cri, rauque et grinçant, *couèche, couèche*, est bien différent du cri du Geai bleu.

GEAI
BLEU

GEAI
À GORGE
BLANCHE

PIE
BAVARDE

MÉSANGES. Ces petits acrobates rondelets se déplacent en bandes dans les forêts et sont attirés aux mangeoires. Il y a 64 espèces dans le monde; 12 en Amérique du Nord.

MÉSANGE À TÊTE NOIRE 12-14 cm

Probablement l'oiseau le plus aimé, la mésange domine aux mangeoires, où elle affectionne le suif et les graines de tournesol. Sa *bavette et son capuchon noirs* sont distinctifs, de même que son cri, *tchic-a-di-di-di*, bien articulé. Son chant, un sifflement, *ti-u-u*, s'imite facilement. Elle vit dans la moitié Sud du Canada et la moitié Nord des 48 États américains adjacents.

MÉSANGE MINIME 11 cm

Sans être une réplique de la précédente plus nordique, la Mésange minime est surtout identifiée par l'aire qu'elle occupe, qui est plus au Sud, et à son cri en 4 syllabes, *ti-tu, ti-tu*. Lorsque l'aire des deux espèces se chevauche, elle se distingue par sa taille plus petite et *l'absence* virtuelle de *blanc* aux ailes. L'aire occupée commence à la limite sud de celle de la Mésange à tête noire dans le New Jersey, l'Ohio et le Missouri, jusqu'à la Floride et le Golfe.

MÉSANGE BICOLORE 15 cm

Cette petite mésange *huppée* se joint souvent aux autres bandes de mésanges aux mangeoires. Sa voix est sifflée, *piteur- piteur-piteur*. On la retrouve du Sud des Grands Lacs et de la Nouvelle-Angleterre jusqu'aux États du Golfe vers le Sud et aux Prairies vers l'Ouest.

MÉSANGE BUISSONNIÈRE 10 cm

Dans l'Ouest, ce petit oiseau uni passe facilement inaperçu, lorsqu'il se déplace d'un buisson à l'autre en bandes errantes, en émettant de gentils petits cris. Notez le petit bec et la *queue* relativement *longue*. La Mésange buissonnière est répandue du Washington et du Colorado vers le sud. La couleur de la *tache à la joue* varie d'une région à l'autre; dans les Rocheuses, elle est brune.

MÉSANGE MINIME

MÉSANGE À TÊTE NOIRE

MÉSANGE BICOLORE

MÉSANGE BUISSONNIÈRE

GRIMPEREAUX. Petit grimpeur élancé, à queue raide et à *bec fin* et *recourbé*. Il y a 6 espèces dans le monde; 1 en Amérique du Nord.

GRIMPEREAU BRUN   13 cm

Alors que les sittelles se déplacent sur les troncs la tête en bas, les grimpereaux sont plus prudents; ils se collent au tronc, en commençant par la base de l'arbre et en *montant en spirale*. Le grimpereau vit dans les forêts à travers le Canada, dans les bois plus frais des États du Nord et vers le sud dans les montagnes plus élevées. Plusieurs peuvent aller hiverner jusqu'aux États du Golfe.

Les **SITTELLES** sont de petits grimpeur trapus, à bec fort comme celui des pics. La queue est carrée et n'est pas utilisée pour grimper. Contrairement aux pics, elles se déplacent sur les troncs la tête en bas . Il y a 31 espèces dans le monde; 4 en Amérique du Nord.

SITTELLE À POITRINE BLANCHE   13-15 cm

Cette sittelle, la plus connue, se reconnaît à sa *calotte noire*, et aux *yeux saillants noirs* sur sa *face blanche*. Elle vient facilement aux mangeoires de suif. Sa note est un *hein!, hein!* nasal. Résident permanent des forêts du Sud du Canada aux États du Golfe, et à travers le continent, de l'Atlantique aux forêts de l'Ouest, elle est absente des Prairies et des Plaines dénudées d'arbres.

SITTELLE À POITRINE ROUSSE   11 cm

Cette petite sittelle se différencie de la Sittelle à poitrine blanche par la large *bande noire* au travers de l'oeil. Le cri est plus aigu et plus nasal, *heink* ou *hank*, sonnant comme un petit cornet en tôle. Elle niche dans les forêts froides de conifères du Canada et les régions d'arbres à feuilles persistantes des États-Unis, migrant à l'occasion aussi au Sud qu'au Golfe du Mexique.

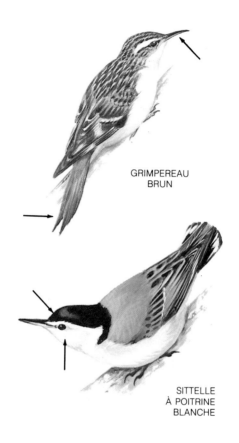

GRIMPEREAU
BRUN

SITTELLE
À POITRINE
BLANCHE

SITTELLE
À POITRINE
ROUSSE

TROGLODYTES. Petits oiseaux énergiques, bruns, à bec fin, et légèrement recourbé. Ils peuvent relever la queue, ou la rabaisser lorsqu'ils chantent. Des 63 espèces dans le monde, 9 sont en Amérique du Nord.

TROGLODYTE FAMILIER   11-13 cm

C'est le plus connu des troglodytes, celui qui agrémente les jardins et qui niche souvent dans les nichoirs qu'on lui aménage. Le chant bégayé et gloussé est presque continuel. Il niche partout dans le Sud du Canada et le Nord des États-Unis et hiverne dans le Sud des États-Unis.

TROGLODYTE DE CAROLINE   14 cm

Cette espèce, plus grande, se reconnaît au riche brun roussâtre et au *large sourcil blanc*. Contrairement au Troglodyte familier, il est sédentaire, se rencontrant du Sud des Grands Lacs et de la Nouvelle-Angleterre au Glofe, mais pas dans l'Ouest. Le chant est trisyllabique, comme s'il disait: *ti-kettèle, ti-kettèle, ti-kettèle, ti*.

TROGLODYTE DE BEWICK   13 cm

Ce troglodyte, qui vit surtout dans le Centre Ouest et l'Ouest, a un *sourcil blanc*, semblable au Troglodyte de Caroline, mais notez sa longue queue à *coins blancs*. Son chant ressemble à celui du Bruant chanteur, avec des variantes. Tout comme le Troglodyte familier, il utilise les nichoirs.

TROGLODYTE DES MARAIS   13 cm

Comme les deux précédents, le Troglodyte des marais a un remarquable *sourcil blanc*, mais il a de plus le *dos rayé*. Il fréquente les marais, où il chante une mélodie flutée et crépitée. En été, il est répandu à travers les États du Nord, dans le Sud du Canada et aussi dans quelques marais le long des côtes atlantique, pacifique et du Golfe.

TROGLODYTE
FAMILIER

TROGLODYTE
DE CAROLINE

TROGLODYTE
DE BEWICK

TROGLODYTE
DES MARAIS

81

ROITELETS, GOBE-MOUCHERONS. Ces minuscules oiseaux actifs ne constituent qu'une branche de la grande famille de fauvettes de l'Ancien Monde qui compte 332 espèces. En Amérique du Nord, au Nord du Mexique, 6 seulement se rencontrent, en plus de 4 exceptionnelles en provenance d'Asie.

ROITELET À COURONNE DORÉE — 9 cm

Oiseau minuscule à *calotte* brillante (*jaune* chez la femelle, *orange* chez le mâle). Plus petits que la plupart des parulines, les roitelets préfèrent les conifères, mais fréquentent aussi d'autres arbres l'hiver. Son cri est aigu et nerveux, *sî-sî-sî*, inaudible à certaines oreilles. Le chant, également aigu et fin, se termine en un gazouillis ténu. Il se rencontre dans les forêts du Canada et, vers le sud, dans les plus hautes montagnes des États-Unis.

ROITELET À COURONNE RUBIS — 10 cm

Ce petit roitelet porte un *anneau oculaire*; le Roitelet à couronne dorée a des raies à la tête. Le mâle du Roitelet à couronne rubis a la *calotte écarlate* qu'il peut hérisser lorsqu'il est excité. Son cri est un *dji-dit* enroué; le chant, tout d'abord hésitant, se termine par *tou-dadi, tou-dadi, tou-dadi* fort. Ce roitelet niche partout dans les forêts de conifères du Canada et de l'Alaska et, vers le Sud, dans les hautes montagnes de l'Ouest des États-Unis. Il hiverne abondamment dans la moitié Sud des États-Unis.

GOBE-MOUCHERONS GRIS-BLEU — 11 cm

Le gobe-moucheron ressemble à un moqueur miniature. Plus petit que la mésange, le dessus est gris-bleu et le dessous blanchâtre; il a un anneau oculaire étroit et une *longue queue blanche et noire*. Il passe l'été dans les forêts claires de l'Est des États-Unis, se retirant vers les États du Golfe et au Mexique l'hiver. On le trouve aussi dans le Sud-Ouest.

mâle femelle

ROITELET À
COURONNE DORÉE

mâle femelle

ROITELET À
COURONNE RUBIS

mâle

GOBE-MOUCHERONS
GRIS-BLEU

Les **MOQUEURS** sont souvent considérés comme des «grives imitatrices». La queue est beaucoup plus longue que celle des grives vraies. Des 30 espèces, toutes provenant du Nouveau-Monde, 10 se retrouvent ici, en plus d'une exceptionnelle.

MOQUEUR POLYGLOTTE   23-28 cm

Gris et élancé, le Moqueur polyglotte, à queue plus longue que celle du Merle d'Amérique, étale de *larges taches blanches* sur ses ailes et sa queue. Au cours des dernières années, son aire s'est étendue vers le Nord aussi loin qu'aux Grands Lacs et la Nouvelle-Angleterre, surtout à cause des plantations de rosiers multiflores et autres arbustes fructifères des banlieues qui facilitent sa survie. Le chant réputé consiste en une série variée de phrases, chacune répétée plusieurs fois. Certains sont d'excellents imitateurs.

MOQUEUR CHAT   23 cm

Le Moqueur chat, gris ardoise, à *calotte noire* et *sous-caudales marron foncé*, est familier dans les jardins de banlieues. Son miaulement de chat est caractéristique. Le chant est une série de phrases détachées qu'il ne répète pas à la manière des deux autres moqueurs. Son aire, à l'Est des Rocheuses, est la même que celle du Moqueur roux.

MOQUEUR ROUX   29 cm

Plus long et plus élancé que le Merle d'Amérique, le Moqueur roux se distingue des grives (p. 87) par sa *queue plus longue* et sa poitrine *rayée* plutôt que grivelée. Apparenté au Moqueur chat et au Moqueur polyglotte, le chant du Moqueur roux possède les mêmes qualités sonores, mais chaque phrase est répétée en couplets, alors que le Moqueur chat donne chaque phrase une seule fois, et le Moqueur polyglotte les répète plusieurs fois. Le Moqueur roux est répandu à l'Est des Rocheuses, du Sud du Canada aux États du golfe du Mexique, hivernant dans les parties Sud de son aire. Plusieurs autres espèces de moqueurs se rencontrent dans le Sud-Ouest américain.

MOQUEUR
POLYGLOTTE

MOQUEUR
CHAT

MOQUEUR
ROUX

PIE-GRIÈCHE
MIGRATRICE

Les **PIES-GRIÈCHES** sont des passereaux au bec crochu
et au comportement rapace; elles chassent les souris
et les petits oiseaux. Répandues dans l'Ancien-Monde,
2 des 74 espèces se rencontrent ici.

PIE-GRIÈCHE MIGRATRICE 23 cm

Perchée sur un barbelé ou au sommet d'un buisson,
cette espèce porte des motifs semblables à ceux du
Moqueur polyglotte, mais avec un *masque noir*. Elle
empale ses proies (insectes, souris, et même de petits
oiseaux) sur des aiguilles d'aubépines ou des barbelés.
Autrefois très répandue sur le territoire américain, elle
est maintenant à peu près disparue du Nord-Est de son
aire. L'autre espèce, la **Pie-grièche grise** (non illustrée), descend du Nord du Canada et de l'Alaska au
cours de certains hivers pour fréquenter les États du
Nord.

GRIVES (page suivante)

Passereaux aux grands yeux, au bec petit et aux pattes fortes. Nous présentons deux espèces à poitrine grivelée, mais le Merle d'Amérique et le Merle-bleu sont
aussi des grives. Il y a 304 espèces dans le Monde; 14
nichent en Amérique du Nord, 9 autres sont rares ou
exceptionnelles.

GRIVE SOLITAIRE 18 cm

La Grive solitaire, ce divin chanteur des forêts froides du Nord et des plus hautes montagnes, se distingue des autres grives par sa *queue rousse*. Son chant est clair, éthéré, et flûté; 3 ou 4 phrases sur différentes tonalités, chacune entrecoupée d'une longue pause. À l'approche de l'hiver, la Grive solitaire quitte les forêts où elle niche pour aller vers les États du Sud; c'est la seule grive susceptible d'être rencontrée aux États-Unis à cette saison.

GRIVE DES BOIS 20 cm

Il y a 5 grives à poitrine tachetée en Amérique du Nord. Celle-ci, la plus connue, peut être entendue en été dans les boisés et les bocages de banlieue et des régions agricoles dans tout l'Est des États-Unis. Elle se distingue des autres grives par la rousseur de la tête et des épaules et par les taches *plus rondes* et plus grandes de la poitrine. Les phrases flûtées sont également plus riches.

GRIVE
SOLITAIRE

GRIVE DES BOIS

D'AUTRES GRIVES — MERLES-BLEUS, MERLE D'AMÉRIQUE

MERLE-BLEU DE L'EST   18 cm

L'élégant Merle-bleu de l'Est se reconnaît à son *dos bleu*, sa *poitrine rousse comme celle du Merle d'Amérique* et sa *gorge rousse*. Les femelles sont plus ternes. Répandu dans l'Est. Des Rocheuses au Pacifique, il est remplacé par le **Merle-bleu de l'Ouest** (non illustré) qui a la gorge *bleue*. Les populations de merles-bleus ont subit un déclin dans certaines régions, mais on peut leur venir en aide en installant des nichoirs qu'ils utilisent pour nicher ou comme dortoir.

MERLE-BLEU AZURÉ   18 cm

Ce merle-bleu, confiné dans l'Ouest, a le *dessus et le dessous turquoise*, devenant graduellement blanchâtre sur le ventre. La femelle est brun terne avec un soupçon de bleu aux ailes, au croupion et à la queue.

MERLE D'AMÉRIQUE   23-28 cm

Cette grosse grive des pelouses et des jardins se reconnaît à sa *poitrine rouge-brique* et son *dos gris*. L'été, le Merle d'Amérique occupe une grande aire, jusqu'à la limite des arbres au Canada et en Alaska; sa présence annonce pourtant le printemps dans le Nord-Est des États-Unis et au Canada. Le chant, une «turlutte» claire en courtes phrases, sert de réveille-matin pour bon nombre d'entre nous.

GRIVE À COLLIER   23-25 cm

Dans les forêts plus froides du Nord-Ouest, le «Merle d'Alaska» émet un chant étrange: notes sifflées et tremblotantes, suivies, après une pause, d'une note plus élevée ou plus basse. Lorsqu'on le détecte dans la forêt humide, cet oiseau a l'allure du Merle d'Amérique avec une *bande* transversale *noire ou grise* sur sa poitrine rousse. Remarquez aussi la *ligne de l'oeil orangée* et les barres alaires orangées. Pendant l'hiver, la Grive à collier se rencontre dans les forêts de tous les États du Pacifique.

MERLE-BLEU
DE L'EST

MERLE-BLEU
AZURÉ

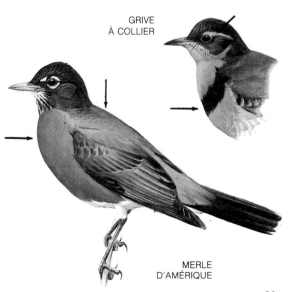

GRIVE
À COLLIER

MERLE
D'AMÉRIQUE

89

JASEUR
DES CÈDRES

Les **JASEURS** sont des oiseaux au plumage lisse, à huppe brune, et dont l'extrémité des rémiges secondaires est munie de pointes de cire rouge. Deux des trois espèces mondiales se rencontrent chez nous.

JASEUR DES CÈDRES   18 cm

La *bande jaune* à l'extrémité de sa queue et sa *huppe pointue* distingue cet oiseau brun au plumage lisse de tous les autres oiseaux du Nord-Ouest, sauf de son proche parent, le **Jaseur boréal** (non illustré) qui a une *tache marron* plutôt que blanche sous la queue. Le cri est un zézaiement aigu, presque inaudible ou *ziii*. Répandu à travers le Canada et le Nord des États-Unis, il est nomade, se déplaçant jusqu'au Sud du Panama certains hivers, ou demeurant aussi au Nord que le Sud du Canada, si les sources de nourriture y sont abondantes.

Les **VIRÉOS** (page suivante) sont petits, plutôt uniformes, assez semblables aux parulines (p. 92), mais l'arête du bec est plus courbée et se termine en petit crochet. Vivant exclusivement dans le Nouveau-monde, il y a 41 espèces; 11 au Nord du Mexique, en plus de 2 exceptionnelles.

VIRÉO AUX YEUX ROUGES   15 cm

On entend davantage qu'on ne voit ce cueilleur d'insectes dans les bois et les bosquets. En été, ses phrases abruptes, semblables à celles du Merle d'Amérique, sont répétées de façon monotone. Un regard à travers les jumelles révèle le *sourcil blanc bordé de noir*, la *calotte grise*, et le dos olive. Ce viréo n'a pas de barres alaires. Après avoir passé l'été à l'Est des Rocheuses, du Canada aux États du Golfe, il hiverne dans le bassin de l'Amazone.

VIRÉO À GORGE JAUNE 13 cm

La *gorge jaune vif*, les «lunettes» *jaunes*, et les barres alaires blanches permettent d'identifier ce viréo des forêts et bosquets. Il passe l'été aux États-Unis, à l'est de la Prairie, et traverse à peine la frontière canadienne.

VIRÉO À TÊTE BLEUE 13-15 cm

Notez les «lunettes» *blanches* sur la tête grise, et les deux barres alaires blanches. Les phrases sifflées sont semblables à celles du Viréo aux yeux rouges, mais plus douces et plus mesurées. Ce viréo préfère les forêts mixtes; les forêts plus froides du Canada, des Appalaches et des montagnes de l'Ouest lui conviennent donc davantage.

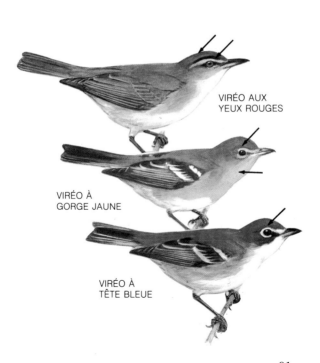

VIRÉO AUX
YEUX ROUGES

VIRÉO À
GORGE JAUNE

VIRÉO À
TÊTE BLEUE

PARULINES. Ces petits oiseaux qui excitent tant les observateurs d'oiseaux au printemps et qui les déroutent tant à l'automne, ne se rencontrent que dans le Nouveau Monde. Des 114 espèces, nous en avons 52, en plus de 5 occasionnelles. La plupart hivernent dans les tropiques.

PARULINE À CROUPION JAUNE 13-15 cm

Le *croupion jaune*, la *tache jaune* près de l'épaule, et le cri — un *tchep* fort — sont caractéristiques de cette espèce. Les mâles en plumage nuptial ont à la poitrine une tache noire qui disparaît à l'hiver; ils ressemblent alors davantage aux femelles brunâtres. Cette espèce se présente sous deux formes: celle typique, à gorge blanche, qui niche dans les forêts de conifères de la Nouvelle-Angleterre et des Maritimes à travers le Canada et l'Alaska; et la forme de l'Ouest, à gorge *jaune*. Cette dernière remplace la précédente dans la ceinture coniférienne des montagnes de l'Ouest des États-Unis. Plus robuste que les autres parulines, la plupart des Parulines à croupion jaune hivernent aux États-Unis.

PARULINE À TÊTE CENDRÉE 12 cm

Cette petite espèce a aussi le croupion jaune, mais le dessous jaune *fortement rayé* et une *large bande blanche* traversant le milieu de la queue la différencient de la précédente. Elle niche dans les forêts conifériennes à travers le Canada à l'Est des Rocheuses et dans les étages intermédiaires des montagnes et les forêts plus froides du Nord-Est des États-Unis.

PARULINE DU CANADA 13-14 cm

Le *collier de courtes raies noires* sur fond jaune à la poitrine caractérise cette paruline à dos gris. Elle préfère les sous-bois des forêts et produit un chant très plaisant, dont les notes éclatent de façon vive, en arrangement irrégulier. Surtout de l'Est, elle niche dans les forêts du Canada à l'Est des Rocheuses et vers le sud dans les forêts froides du Nord-Est des États-Unis et haut dans les Appalaches.

mâle

PARULINE
À CROUPION
JAUNE

forme typique

femelle

forme
de l'Ouest

mâle

PARULINE À
TÊTE CENDRÉE

PARULINE
DU CANADA

93

D'AUTRES PARULINES.

PARULINE JAUNE   13 cm

C'est la seule paruline qui semble toute jaune; même les *points* sur la *queue* sont *jaunes*; ce trait ne se retrouve que chez la Paruline flamboyante femelle (p. 98). Le mâle a des *raies rousses à la poitrine*. On peut entendre son chant allègre à la lisière des marais, des cours d'eau, et dans les jardins, *ouit ouit ouit ouit tsi-tsi*, mais il existe plusieurs variantes. Répandue, elle niche de la limite des arbres au Canada jusqu'à la limite nord des États du Golfe et presque partout dans l'Ouest.

PARULINE MASQUÉE   11-14 cm

Le *masque noir* est le trait distinctif du mâle; la femelle n'en a pas. Le comportement de cette paruline ressemble à celui des troglodytes qui furètent dans les buissons des endroits marécageux. Le chant trisyllabique est *ouistiti-ouistiti-ouistiti*. Elle niche partout au Canada et dans chacun des 48 États.

PARULINE À CAPUCHON   14 cm

Le *capuchon noir* encercle la *joue jaune*; la femelle n'en porte pas. Confinée à l'Est, du sud des Grands Lacs aux États du Golfe, cette paruline anime les sous-bois forestiers et les fourrés de rhododendrons, de son chant fort, *ouita-ouiti-ou*.

PARULINE POLYGLOTTE   18 cm

De taille exagérément grande, elle ressemble à une Paruline masquée géante, mais son *bec plus fort* et sa *queue beaucoup plus longue*, lui donnent l'allure d'un Moqueur chat. Le chant est une série de sifflements clairs, répétés et des phrases qui suggèrent le chant du Moqueur polyglotte en plus lent. La Paruline polyglotte passe l'été dans les buissons et les fourrés à la grandeur des États-Unis et localement, depuis la frontière du Canada jusqu'aux États du Golfe et au Mexique.

PARULINE JAUNE

PARULINE
MASQUÉE

PARULINE À CAPUCHON

PARULINE
POLYGLOTTE

95

D'AUTRES PARULINES.

PARULINE VERTE À GORGE NOIRE   11-13 cm

La *face jaune vif* se découpe de la gorge noire et en fait le trait distinctif de cette espèce attrayante. Son chant est un *zou zi zou zou zi* zézayé ou une variante sur ce thème. Préférant les conifères, elle se retrouve à travers le Canada, à l'Est des Rocheuses et vers le sud dans les forêts de pruches des Appalaches.

PARULINE DE TOWNSEND   12 cm

Dans l'Ouest du Canada et en Alaska, cette jolie paruline remplace la Paruline verte à gorge noire dans les forêts froides de conifères. On l'entend chanter *dziir dziir dziir titsy*. Elle diffère de la Paruline verte à gorge noire par la *tache noire à la joue*, la calotte noire et le *ventre jaune*.

PARULINE GRISE À GORGE NOIRE   11-13 cm

Ce résident des chênaies et des forêts de génévriers des États de l'Ouest présente des motifs semblables à ceux de la Paruline de Townsend (ci-dessus), mais *n'a pas de jaune* à la face et sur le dessous. Le chant est *zidèle zidèle zidèle zit' tché*, ou une variante de ce zézayement.

PARULINE NOIR ET BLANC   11-14 cm

Rayée de haut en bas de noir et de blanc, cette paruline ne peut pas être confondue, alors qu'elle longe les troncs et les branches, chantant *ui-si ui-si ui-si ui-si ui-si ui-si*. Elle est répandue en été dans le Sud du Canada à l'Est des Rocheuses, et aux États-Unis à l'Est des Grandes Plaines. Elle se retire sous les tropiques l'hiver, quoique certains individus peuvent passer l'hiver en Floride et le long de la Côte du Golfe.

PARULINE
VERTE À
GORGE NOIRE

PARULINE
DE TOWNSEND

PARULINE
GRISE À
GORGE NOIRE

PARULINE
NOIR ET
BLANC

97

D'AUTRES PARULINES.

PARULINE FLAMBOYANTE   13 cm

Cette paruline papillonne par sa façon d'étaler les ailes et la queue -noires et *orange* chez le mâle, brun-olive et *jaunes* chez la femelle. Le chant, *zi zi zroui* ou *titsa titsa titsa titsa tiit* est insistant. Elle passe l'été dans les forêts en regain au Canada et aux États-Unis, à l'Est des Rocheuses.

PARULINE À GORGE ORANGÉE   13 cm

L'*orangé éclatant* à la gorge et à la face place cette paruline dans une classe à part. Le chant, *zip zip zip titi tsiiiiii* se termine en un bourdonnement très aigu, inaudible pour certains. Elle habite les conifères l'été, et niche dans les forêts du Canada, à l'Est des Rocheuses, aussi bien que dans les forêts froides des États du Nord-Est et des Appalaches.

PARULINE À FLANCS MARRON   11-14 cm

Ce nom très descriptif rend bien ce qui permet de l'identifier, les *flancs marron*. Le chant éclatant semble dire *sî sî sî où vas-tu* ou *ti, ti, ti, huit oui-tchou*. L'habitat, l'été, correspond aux pâturages en regain et aux abattis qu'on retrouve au Canada et dans la portion nord des États, à l'Est du Minnesota et vers le Sud dans les Appalaches.

PARULINE DES RUISSEAUX   15 cm

Quoique cet oiseau soit une paruline, on pourrait croire qu'il s'agit d'un croisement entre une grive et un Chevalier branlequeue. Elle *marche* souvent le long de l'eau et *hoche* la queue comme le Chevalier branlequeue. L'été, son domaine est l'Alaska, le Canada et la bordure nord des États-Unis, à l'Est des Prairies. Une espèce semblable, la **Paruline hochequeue** (non illustrée), est limitée aux États de l'Est.

mâle

PARULINE
FLAMBOYANTE

femelle

PARULINE
À GORGE ORANGÉE

PARULINE
À FLANCS
MARRON

PARULINE
DES RUISSEAUX

99

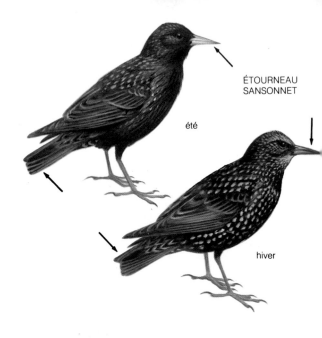

ÉTOURNEAU
SANSONNET

été

hiver

Les **ÉTOURNEAUX** proviennent d'une famille de l'Ancien
Monde qui contient 103 espèces dont plusieurs ressemblent à nos oiseaux noirs (les ictéridés). Deux espèces,
l'Étourneau sansonnet et le Martin huppé ont été introduites.

ÉTOURNEAU SANSONNET   19-21 cm
Cet oiseau est l'oiseau noir à *queue courte* si commun
près des villes, des parcs et des fermes. Il se regroupe
en grosses bandes, passant la nuit en dortoirs l'hiver
sous les ponts et sur les édifices. L'été, le *bec* est *jaune*
et le plumage quelque peu iridescent et luisant.
L'hiver, il est *fortement tacheté* et le bec devient *noir*.
Le chant comprend des notes sifflées caractéristiques,
houauii. Il est très doué aussi pour imiter d'autres
espèces.

Les **OISEAUX NOIRS, ETC.** (page suivante). Famille du
Nouveau Monde composée d'oiseaux d'une variété de
formes, certains ictéridés sont noirs, d'autres brillam-
ment colorés. Il existe 88 espèces; nous en avons 20,
en plus de 3 exceptionnelles.

CAROUGE À ÉPAULETTES 18-24 cm

Avec *son épaulette rouge*, le mâle ne peut être confondu . La femelle est cependant brun terne, fortement striée, et a le profil aplati du carouge avec le bec très pointu. Le chant du mâle est typique du printemps, *konk-la-rîî* ou *o-ka-lîî*. Il niche dans à peu près tous les comtés des 48 États continentaux, selon la disponibilité de marais, de marécages ou de champs de foin. Il est aussi répandu dans tout le Sud du Canada, allant plus au Sud l'hiver.

CAROUGE À TÊTE JAUNE 20-28 cm

Cette espèce, coloniale dans l'Ouest, partage souvent les marais avec le Carouge à épaulettes. La tête jaune-orange et la tache blanche à l'aile distinguent le mâle, la femelle étant brune, avec du jaune seulement à la gorge et à la poitrine. Il émet, avec difficulté semble-t-il, un son rauque qui ressemble à des charnières rouillées.

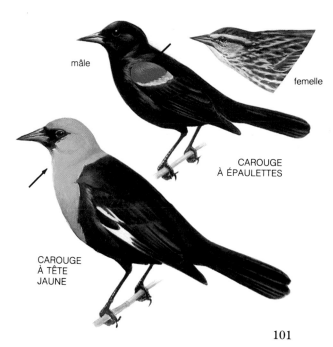

mâle

femelle

CAROUGE
À ÉPAULETTES

CAROUGE
À TÊTE
JAUNE

D'AUTRES ICTÉRIDÉS («OISEAUX NOIRS»)

VACHER À TÊTE BRUNE   18 cm

Petit oiseau à corps noir, un peu plus gros que le moineau, à *tête brune* et à bec de bruant. La femelle est toute grise avec un bec de bruant. Parasite des nichées, cette espèce pond ses oeufs dans les nids d'autres oiseaux. Il niche d'un océan à l'autre et du Sud du Canada au Nord du Mexique et dans les États du Golfe, mais pas en Floride, où il ne s'y présente que l'hiver.

QUISCALE DE BREWER   23 cm

Dans l'Ouest, cet oiseau remplace le Quiscale bronzé qui est familier dans les villes et sur les fermes de l'Est. Les mâles sont tout noirs, avec un soupçon d'iridescence, et la *queue* est *plus courte* que celle du Quiscale bronzé. Les femelles sont gris brunâtre à oeil foncé. L'aire de cette espèce s'est récemment agrandie vers l'Est jusqu'à l'Ouest des États des Grands Lacs. Sa contrepartie, dans l'Est, le **Quiscale rouilleux** (non illustré), passe l'été dans les forêts marécageuses et les tourbières du Canada et recherche les bocages des rivières et les marécages boisés de l'Est des États-Unis en hiver.

QUISCALE BRONZÉ   28-34 cm

Grand oiseau noir fortement irisé, à *queue triangulaire ou cunéiforme*. Cet oiseau familier marche posément sur les pelouses des banlieues, dans les champs et le long des rives des cours d'eau. Il est répandu à l'est des Rocheuses, du Sud du Canada aux États du Golfe, hivernant souvent aussi au Nord qu'au sud des Grands Lacs et de la Nouvelle-Angleterre. Une autre espèce à plus longue queue, le **Quiscale des marais** (non illustré), réside dans les marais côtiers des États du Sud-Est.

VACHER À
TÊTE BRUNE

QUISCALE
DE BREWER

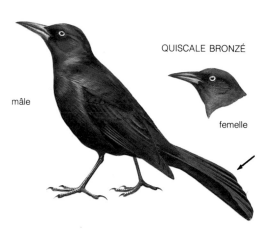

QUISCALE BRONZÉ

mâle

femelle

103

ORIOLES. Oiseaux vivement colorés, plus petits et plus minces que le merle. Ils appartiennent à la famille des ictéridés et sont donc proches parents des oiseaux noirs. Bien que les orioles soient surtout tropicaux, 7 nichent en Amérique du Nord; 2 sont des égarés exceptionnels.

ORIOLE DU NORD (RACE DE L'EST)   18-20 cm

Des 7 espèces d'orioles normalement rencontrées en Amérique, celle-ci est la plus connue. La race de l'Est, qui occupe abondamment l'Est des Plaines, se distingue par le motif *orange vif* et noir et la *tête noire*. Son sifflement flûté anime les jours du début de l'été. La femelle a le dessus verdâtre terne, le dessous jaunâtre. Le nid, en forme de bourse, est suspendu près de l'extrémité d'une branche, souvent surplombant une rue urbaine.

ORIOLE DU NORD (RACE DE L'OUEST)   18-21 cm

La race de l'Ouest diffère de la précédente par ses *joues orange* et *ses grandes taches blanches aux ailes*. Cette race de l'Oriole du Nord est l'espèce d'oriole la plus répandue dans l'Ouest. Autrefois, les deux races étaient considérées comme des espèces disctinctes, mais comme elles s'hybrident là où leur aire se chevauche, dans les Grandes Plaines, les taxonomistes les ont fusionnées.

ORIOLE DES VERGERS   15-18 cm

Contrairement aux autres orioles qui sont soit orange vif, soit jaune, l'Oriole des vergers présente une teinte foncée. Le croupion et le dessous sont d'un *riche marron foncé*. Les femelles sont un peu plus verdâtres que chez l'Oriole du Nord. Le chant est une cascade de notes rapides dont certaines sont sifflées. Présent surtout dans l'Est, son aire s'étend de l'Atlantique aux Plaines des États-Unis; il préfère surtout les vergers, les fermes et les villes.

ORIOLE DU NORD
(RACE DE L'EST)

ORIOLE DU NORD
(RACE DE L'OUEST)

ORIOLE DES VERGERS

105

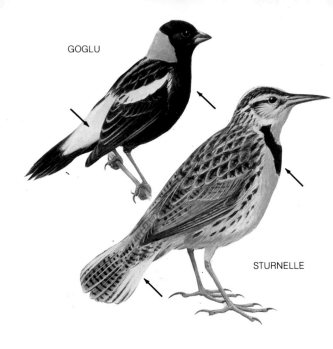

GOGLU

STURNELLE

OISEAUX DES PRÉS (D'AUTRES ICTÉRIDÉS)

GOGLU   15-20 cm

Oiseau des champs du Nord des États-Unis et du Sud
du Canada. Au printemps, c'est notre seul oiseau qui
est *noir dessous et en grande partie blanc sur le dessus*. Le chant, émis en vol sur place, est enthousiaste
et rapide. Avant de partir en migration vers ses quartiers d'hiver en Argentine, le mâle quitte son habit de
gala pour adopter un plumage fauve, semblable à celui
des femelles et des bruants.

STURNELLE (2 espèces)   23 cm

Dans les champs herbeux, cet oiseau brun et massif
s'envole en montrant une tache *blanche* évidente de
chaque côté de sa courte queue. Perché sur un poteau,
il met en évidence *un V noir* sur une poitrine jaune.
La Sturnelle de l'Ouest, présentée ici, est très semblable
à la Sturnelle de l'Est, mais leur chant est très différent: les notes gazouillées et flûtées de la première sont
très différentes des sifflements étirés de la seconde.
L'aire des deux espèces se chevauche dans les États
des prairies.

Les **VRAIES ALOUETTES.** On dénombre 75 espèces de ces oiseaux terrestres, bruns et rayés, mais une seule, l'Alouette cornue, est largement répandue en Amérique du Nord. Une autre, l'Alouette des champs, a été introduite sur l'Île de Vancouver.

ALOUETTE CORNUE   18-20 cm

Lorsque la saison s'y prête, on trouvera cette alouette dans les milieux ouverts, les prairies, les champs, les terrains de golf, et sur les plages et les bords de routes. Le *motif facial, les cornes et la tache noire à la poitrine* permettent de l'identifier. Le chant, aigu et tintant, peut être émis au sol ou haut dans les airs, à la manière de l'Alouette des champs. Répandue dans les habitats appropriés depuis haut dans l'Arctique jusqu'au Mexique, elle est absente seulement dans les États du Sud-Est.

ALOUETTE CORNUE

TANGARAS — OISEAUX LES PLUS COLORÉS. Cette famille du Nouveau Monde compte 109 espèces dont la plupart vivent sous les tropiques. Les mâles de 3 des 4 espèces d'Amérique du Nord sont illlustrés. Les femelles ont le dos olive, la poitrine jaune et elles peuvent être confondues avec les femelles des orioles.

TANGARA ÉCARLATE   18 cm

Le *corps écarlate brillant* du mâle contraste avec les ailes et la queue *noir jais*. Le chant ressemble à celui d'un merle qui aurait un mal de gorge. Des forêts, il préfère les chênaies du Sud du Canada et du Nord-Est et du Centre des États-Unis. Pour son départ migratoire, à l'automne, le mâle se revêt d'un plumage qui ressemble à celui de la femelle verdâtre terne.

TANGARA VERMILLON   18-19 cm

Cet oiseau rouge-rose des forêts méridionales et des bosquets de chênes est *complètement rouge* et ne présente pas les ailes noires du Tangara écarlate. Le chant rappelle celui du merle, mais la note détachée, *pik-i-toc*, est caractéristique. Il niche dans les États du centre et du Sud-Est, de l'Atlantique vers l'ouest jusqu'à l'Oklahoma et le Texas.

TANGARA À TÊTE ROUGE   18 cm

Cette espèce à *face rouge* et à motif jaune et noir est une des espèces les plus colorées de l'Ouest. Les 2 barres alaires le distinguent aussi des autres tangaras, mais on peut le confondre avec les femelles orioles. Le chant ressemble à celui du Tangara écarlate. Il vit dans les pinèdes clairsemées et les forêts mixtes du Sud-Ouest du Canada presque jusqu'à la frontière du Mexique.

TANGARA
ÉCARLATE

femelle

mâle

TANGARA
VERMILLON

TANGARA
À TÊTE ROUGE

GROS-BEC, FRINGILLES. Le bec court et conique pour casser des graines est très gros et massif chez le grosbec, et plus petit comme celui d'un canari chez les chardonnerets. Ce groupe appartient à une sous-famille distincte de celle des cardinals et bruants. 21 des 152 espèces du monde sont présentes en Amérique du Nord.

FRINGILLES JAUNES (OISEAUX DE MANGEOIRES)

CHARDONNERET JAUNE   13 cm

L'été, ce petit fringille au vol ondulé et au chant de canari, est identifé aussitôt par sa calotte, sa queue et ses *ailes noires*. L'hiver, le mâle perd sa coloration jaune vif et ressemble davantage aux femelles ternes. Les chardonnerets sont fanatiques des mangeoires, en particulier pour les graines de chardon. On les retrouve, une saison ou l'autre dans presque toute l'Amérique du Nord, et ils ne sont que partiellement migrateurs.

CHARDONNERET DES PINS   11-13 cm

Ce petit fringille, des forêts coniférennes de tout le Canada et des hautes montagnes de l'Ouest, est nomade, errant de façon irrégulière l'hiver, et aussi au Sud qu'au Golfe du Mexique. Lors des années d'invasions, il peut fréquenter les mangeoires. De la taille et de la forme du Chardonneret jaune, il est *fortement rayé*, habituellement avec une *barre alaire jaune* et une *teinte de jaune* à la base de la queue. Le chant, lorsqu'il nous survole, est un léger *tit-i-tit* ou un bourdonnement *chriiiii*.

GROS-BEC ERRANT   20 cm

Oiseau massif, à *gros bec* et queue courte; les mâles, jaune terne, ont les *ailes noir et blanc*; les femelle sont grisâtres, mais retiennent suffisamment des traits du mâles pour être reconnues. Après la nidification dans les forêts de conifères du Canada et des montagnes de l'Ouest, le gros-bec erre en grosses bandes un peu partout. Ces fringilles d'hiver aux coloris audacieux visitent volontiers les mangeoires à graines de tournesol à la fenêtre. Cet apport de nourriture a permis l'extension de son aire vers l'Est et il niche maintenant dans le Nord de la Nouvelle-Angleterre, des Maritimes et dans le Sud du Canada.

CHARDONNERET JAUNE

mâle été

femelle

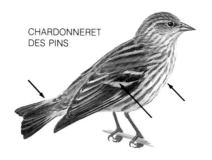

CHARDONNERET DES PINS

GROS-BEC ERRANT

FRINGILLES ROUGES: ROSELINS, BEC-CROISÉS

ROSELIN POURPRÉ   14-15 cm

Ce roselin est un visiteur assidu des mangeoires, où il se gave de graines de tournesol. Le mâle ressemble à un bruant *saucé dans du jus de framboise*. La femelle rappelle un bruant fortement rayé avec une tache foncée à l'oreille et une *large raie sombre au menton*. On remarque surtout le gazouillis rapide et enjoué sur le territoire de nidification, dans les conifères encore jeunes du Canada et des États du Nord-Est et du Pacifique. La note métallique, *tic*, est toute différente de celle du Roselin familier. Quelques Roselins pourprés peuvent hiverner où ils nichent; d'autres peuvent migrer aussi au Sud qu'au golfe du Mexique.

ROSELIN FAMILIER   13-14 cm

Autrefois restreint à l'Ouest, cet oiseau a été introduit accidentellement près de la ville de New York dans les années 1940 et il s'est répandu dans les États de la côte Est, où il partage les mangeoires avec le Roselin pourpré. Il est davantage adapté aux villes, villages et banlieues que l'autre roselin et il peut même supplanter partiellement le moineau. Les mâles se distinguent du Roselin pourpré par leur tête d'allure plus petite et leurs *flancs rayés*. Les femelles n'ont pas les motifs foncés de la tête du Roselin pourpré femelle.

BEC-CROISÉ ROUGE   13-16 cm

Cet oiseau *rouge sombre* et à ailes noirâtres peut ne pas être aperçu par un débutant, sauf dans le Maine et dans parties conifériennes du Canada et de l'Ouest. Le *bec, croisé à l'extrémité*, est spécialisé pour extraire les graines des cônes de conifères. Lors des années sans production de cônes, les becs-croisés se déplacent et peuvent même fréquenter les mangeoires. L'autre espèce, moins commune, le **Bec-croisé à ailes blanches** (non illustré), porte des *barres alaires blanches* évidentes.

mâle

femelle

ROSELIN
POURPRÉ

mâle

femelle

ROSELIN
FAMILIER

femelle

mâle

BEC-CROISÉ
ROUGE

113

CARDINALS, BRUANTS Ces oiseaux ont, comme les fringilles, le bec court adapté à casser des graines; il est plus gros chez les cardinals et plus petit chez les passerins et bruants. Ce groupe appartient à une sous-famille distincte des fringilles qui leur ressemblent. 70 des 303 espèces mondiales de ce groupe sont présentes en Amérique du Nord.

CARDINAL ROUGE   19-23 cm

Le cardinal tout rouge à *huppe pointue*, à *face noire* et à *bec rouge triangulaire*, est un favori des jardins. Le chant est une série de sifflements clairs et coulants, *ouat-tiou tiou tiou*, etc, ou *ouâit ouâit ouâit ouâit ouâit*. La femelle, brun-chamois, a un peu de rouge aux ailes, à la queue, à la huppe et au bec. Répandu au sud du Canada et à l'ouest des Plaines, il étend son aire vers le Nord depuis quelques années, surtout à cause du plus grand nombre de gens qui offrent des graines de tournesol.

CARDINAL À POITRINE ROSE   18-21 cm

Cet élégant oiseau à *gros bec pâle* et à *tache rose-rouge à la poitrine*, est un habitant des forêts qu'on entend plus qu'on ne le voit. Le chant mélodieux rappelle celui d'un merle «qui aurait pris des cours de chant». Le cri métallique, *kik*, est distinctif. La femelle ressemble à celle du Roselin pourpré (voir p. 112) en plus grand, sauf pour le *bec plus gros*. Résident d'été dans le Sud du Canada et le Nord des États-Unis à l'Est des Plaines, ce cardinal hiverne sous les tropiques.

CARDINAL À TÊTE NOIRE   16-19 cm

Ce gros-bec, à poitrine et *croupion orange-brun terne*, remplace le Cardinal à poitrine rose dans l'Ouest de l'Amérique du Nord. La femelle ressemble à celle du Cardinal à poitrine rose, mais est beaucoup *moins rayée* à la poitrine qui est plutôt *délavée de chamois*. Le chant du mâle ressemble à celui du précédent.

CARDINAL
ROUGE

femelle

mâle

CARDINAL
À POITRINE
ROSE

mâle

femelle

mâle

femelle

CARDINAL
À TÊTE
NOIRE

115

BRUANTS VIVEMENT COLORÉS: PASSERINS

PASSERIN INDIGO 14 cm

Le mâle de ce petit oiseau de la taille du chardonneret est *tout bleu indigo* (mais voir le Merle-bleu azuré, p. 89). La femelle est aussi unie qu'un oiseau peut l'être, brune sans traits particuliers. Le chant du mâle, émis du haut d'un fil ou d'un buisson d'un terrain broussailleux, est enjoué, aigu et strident, les notes étant habituellement doublées. L'été, on le retrouve à l'Est des Plaines, du Sud du Canada aux États du Golfe, et il hiverne surtout dans les Antilles, au Mexique et en Amérique centrale, mais quelques individus peuvent s'attarder dans le Sud de la Floride. L'hiver, le mâle revêt le plumage terne de la femelle.

PASSERIN AZURÉ 13-14 cm

Ce passerin remplace le Passerin indigo dans l'Ouest. Il est vaguement coloré comme le merle-bleu (p. 89), mais notez le bec plus trapu et les *barres alaires blanches*. Le chant est semblable à celui du Passerin indigo. Là où les deux espèces se rencontrent, dans les Plaines, ils s'hybrident parfois. Commun dans les montagnes, le Passerin azuré préfère les pentes et les bords de cours d'eau en broussailles sèches, les taillis de sauge et d'églantiers et les brûlis récents.

PASSERIN NONPAREIL 13 cm

Aucun autre oiseau d'Amérique est aussi éclatant que le mâle du Passerin nonpareil, avec sa *tête pourpre*, son *dos vert* et son dessous *écarlate*. Par contraste, la femelle est un petit bruant *verdâtre* uni. Le gazouillis du mâle est gai et agréable. Son aire se limite le long de la côte atlantique, de la Caroline du Nord à la Floride, mais il se rencontre aussi du Mississipi inférieur au Sud du Nouveau Mexique.

PASSERIN
INDIGO

PASSERIN
AZURÉ

PASSERIN
NONPAREIL

117

D'AUTRES BRUANTS

BRUANT DES NEIGES   15-18 cm

L'été, lorsque le Bruant des neiges chante pour les Inuit
de la toundra, les mâles ont le dos noir, ce qui est très
différent du plumage d'hiver illustré ici. Quoique certains oiseaux puissent paraître très bruns, lorsqu'on
les voit à la recherche de graines d'herbacées dans les
champs, les voyantes *taches blanches à l'aile* permettent de les reconnaître. Résidents de l'Arctique en été,
ils se déplacent beaucoup l'hiver. Les attroupements
animent les prairies, les champs et les plages enneigées, jusque dans les États du centre américain.

JUNCO ARDOISÉ   14-17 cm

Ces oiseaux à capuchon et aux allures de bruants sont
mieux connus l'hiver, alors qu'ils monopolisent les
mangeoires au sol. Les *plumes latérales blanches de
la queue* sont mises en évidence à l'envol. La forme
de l'Est a le dos *ardoisé* et les flancs gris, celle de
l'Ouest a le dos et les flancs *roux*. Le chant est un trille
lâche et musical sur le même ton. L'été, il réside dans
les forêts froides du Nord et hiverne partout aux
États-Unis.

TOHI À FLANCS ROUX   18-21 cm

Le tohi est un oiseau de boisés clairs et de broussaille,
où il fouille les feuilles mortes, les repoussant des deux
pattes à la fois. Le semblant de capuchon, noir chez
le mâle et brun chez la femelle, de même que les *flancs
roux* et les taches blanches voyantes de la queue permettent de le reconnaître. Dans l'Ouest, le tohi a aussi
plus de points blancs au dos et aux ailes. Les oiseaux
de l'Est chantent *drî-kour-tiiiii*. La note est forte,
tchéouink! Il niche du Sud du Canada aux États du
Golfe, mais quitte les zones enneigées l'hiver.

BRUANT
DES NEIGES

forme de l'Est

JUNCO
ARDOISÉ

forme de l'Ouest

TOHI
À FLANCS
ROUX

mâle

femelle

race
tachetée
de l'Ouest

BRUANTS (À CALOTTE ROUSSE)

BRUANT FAMILIER   13 cm

La *calotte rousse* et le *sourcil blanc* distinguent ce petit bruant qui s'est adapté aux jardins de banlieue et aux fermes de presque tous les États-Unis et du Canada. La poitrine est *unie*, ce qui le distingue de son voisin, le Bruant chanteur (p. 122), qui possède des raies à la poitrine. Le chant du Bruant familier est un trille à sonnettes sur le même ton.

BRUANT HUDSONIEN   15-16 cm

Un seul point *noir* sur la poitrine unie distingue ce «bruant d'hiver» qui, comme ses congénères, a la calotte rousse. Résident dans les buissons de l'Arctique, l'été, il vient occuper, l'hiver, l'espace laissé vacant par le Bruant familier qui a quitté les États du Nord. Ce bruant fourrage en petites bandes le long des bords broussailleux des routes, des lisières herbeuses et des marais.

BRUANT DES CHAMPS   13 cm

Ce bruant à calotte rousse se distingue des autres par son *bec rose*. Son chant est une série de notes douces, coulantes qui accélèrent en un trille qui peut être montant, descendant ou qui peut rester sur le même ton. Malgré son nom, ce bruant fréquente non pas les champs, mais plutôt les pâturages et les lisières en broussailles. Répandu à l'Est des Rocheuses, il se retire au delà des zones couvertes de neige l'hiver.

BRUANT DES MARAIS   13-14 cm

Ce bruant foncé plutôt robuste des marais broussailleux et à quenouilles a la *calotte rousse* et la *gorge blanche*. Son chant est un trille lâche, qui rappelle celui du Bruant familier, mais en plus lent et plus doux. Il passe l'été au Canada à l'Est des Rocheuses et dans les États du Nord-Est, et hiverne du Lac Érié et du Sud de la Nouvelle-Angleterre aux États du Golfe.

BRUANT
FAMILIER

BRUAND
HUDSONIEN

BRUANT
DES CHAMPS

BRUANT
DES MARAIS

BRUANTS (RAYÉS À LA POITRINE)

BRUANT CHANTEUR   13-16 cm

Chez cette espèce familière, les raies de la poitrine se fondent en un *gros point central*. Lorsque l'oiseau se déplace, de buisson en buisson, il agite de haut en bas sa queue qui n'est pas encochée, comme celle d'autres bruants rayés. C'est un migrateur hâtif au printemps dans le Nord, avant même la fonte des neiges. Le chant musical commence par une répétition de 3 ou 4 notes, *tioui tioui tioui*, etc.

BRUANT DES PRÉS   11-14 cm

Ce bruant ressemble en gros au Bruant chanteur, mais sa queue est *encochée* et plus courte. C'est une espèce de terrains plus ouverts qui ne possède habituellement pas le gros point central à la poitrine. Son chant est rêveur et zézayé, *tsit-tsit-tsit-tsiiii-tsraaaé*. Il est répandu en Amérique du Nord, en aval de l'Arctique jusqu'à la plupart des États de l'Ouest et du Nord-Est, vers le Sud. L'hiver, Il évite les champs verglacés pour atteindre les États où il ne neige pas.

BRUANT FAUVE   17-19 cm

Ce gros bruant, qui affectionne le sol des forêts nordiques du Canada et des montagnes de l'Ouest, se distingue par sa *poitrine* fortement *tachetée* et sa *queue rousse*. Lorsqu'il fouille dans les feuilles mortes, il les repousse avec les deux pattes en même temps. La Grive solitaire (p. 87) a aussi la queue rousse, mais son bec plus fin ne ressemble en rien à celui conique du Bruant fauve. Certains descendent jusqu'aux États du Golfe et beaucoup monopolisent les mangeoires. Celui représenté ici est un spécimen de l'Est. Ceux de l'Ouest ont le plumage très variable, parmi les teintes de brun et de gris, mais ont la queue rousse.

BRUANT CHANTEUR

BRUANT DES PRÉS

BRUANT FAUVE

123

D'AUTRES BRUANTS

BRUANT À GORGE BLANCHE   16-18 cm

Où es-tu Frédérick-Frédérick-Frédérick est le sifflement familier des forêts froides de tout le Canada, des
Maritimes aux Rocheuses. La *gorge blanche* et la *tête
rayée* (à bandeaux noir et blanc ou brun et chamois)
le caractérisent. Le chant rêveur est un sifflement
d'une ou 2 notes claires suivies de 3 notes en trémolo
sur un ton différent. On peut facilement l'imiter. Il
hiverne dans les boisés et les fourrés de tout l'Est. Il
monopolise parfois les mangeoires.

BRUANT À COURONNE BLANCHE   16-19 cm

Ce bruant se distingue du précédent par son *bec rose*,
en plus de sa poitrine gris clair et sa *calotte* bouffante
rayée. Il n'a pas non plus la gorge blanche bien déli-
mitée. Son chant plaintif est variable; habituellement
un ou plusieurs sifflements clairs suivis d'un trille sif-
flé et enroué. Nichant dans la partie boréale du Canada
et, vers le Sud, dans l'Ouest de l'Amérique du Nord,
on ne le rencontre dans l'Est qu'à la migration.

BRUANT À COURONNE DORÉE   15-18 cm

Ce bruant de l'Ouest du Canada et de l'Alaska hiverne
dans les États du Pacifique. Il se joint souvent au
Bruant à couronne blanche, dont il se distingue par
sa *couronne dorée*.

DICKCISSEL   15-18 cm

Le domaine du Diskcissel, ce sont les champs et prairies du Centre-Ouest où il chante *dik-ciss-ciss-ciss* en
notes détachées. Le mâle, à *bavette noire* et à *poitrine
jaune*, rappelle une sturnelle en miniature, mais la
femelle ressemble davantage à celle du moineau, sauf
en ce qui a trait aux épaules rouille et la *teinte de jaune*
à la poitrine.

forme à
bandeaux chamois

BRUANT
À GORGE
BLANCHE

forme à
bandeaux blancs

jeune

BRUANT
À COURONNE
BLANCHE

adulte

BRUANT
À COURONNE
DORÉE

DICKCISSEL

125

MOINEAU
DOMESTIQUE

femelle

mâle

MOINEAUX (TISSERINS). Ce grand groupe de l'Ancien
Monde compte 263 espèces. Les tisserins auxquels le
moineau appartient compte 35 espèces dont 2 ont été
introduites aux États-Unis. Ils ne sont pas apparentés
aux bruants indigènes.

MOINEAU DOMESTIQUE   15 cm

Tout le monde connaît le moineau. Les individus vivant
dans l'air pollué des villes sont souvent ternes et ressemblent bien peu à ceux des campagnes dont le mâle
possède la *tache noire à la poitrine et à la gorge*, les
joues claires et la *nuque marron*. La femelle a la poitrine unie, sans éclat, et le sourcil terne. Le Moineau
domestique a été introduit d'Europe en 1850 à
Brooklyn. De là, il s'est rapidement répandu jusqu'à
vivre maintenant d'un océan à l'autre, partout où il
y a des villes et des fermes, et du centre du Canada
vers le Sud, traversant les États-Unis jusqu'aux Amé-
riques centrale et du Sud, qu'il continue à coloniser.

INDEX

Les illustrations des oiseaux apparaissent habituellement sur la page opposée au texte. Pour éviter le dédoublement, les illustrations ne sont pas indexées séparément.